「颖」响力对话

从新三板到北交所

李 颖 / 编著

资深财经栏目制片人、主持人

中国财经出版传媒集团

经济科学出版社

Economic Science Press

图书在版编目（CIP）数据

"颖"响力对话：从新三板到北交所/李颖编著．
—北京：经济科学出版社，2021.11
ISBN 978 – 7 – 5218 – 3013 – 2

Ⅰ.①颖…　Ⅱ.①李…　Ⅲ.①中小企业 – 企业成长 –
案例 – 中国　Ⅳ.①F279.243

中国版本图书馆 CIP 数据核字（2021）第 219922 号

责任编辑：王红英
责任校对：杨　海
责任印制：王世伟

"颖"响力对话：从新三板到北交所
李　颖　编著
经济科学出版社出版、发行　新华书店经销
社址：北京市海淀区阜成路甲 28 号　邮编：100142
总编部电话：010 – 88191217　发行部电话：010 – 88191522
网址：www. esp. com. cn
电子邮箱：esp@ esp. com. cn
天猫网店：经济科学出版社旗舰店
网址：http://jjkxcbs. tmall. com
北京季蜂印刷有限公司印装
710×1000　16 开　15.75 印张　200000 字
2021 年 11 月第 1 版　2021 年 11 月第 1 次印刷
ISBN 978 – 7 – 5218 – 3013 – 2　定价：86.00 元
（图书出现印装问题，本社负责调换。电话：010 – 88191510）
（版权所有　侵权必究　打击盗版　举报热线：010 – 88191661
QQ：2242791300　营销中心电话：010 – 88191537
电子邮箱：dbts@ esp. com. cn）

谨以此书献给每一个坚守梦想、奋斗前行的人

最大的智慧是在正确的道路上坚持到底

2013 年，是我从事财经新闻主播行业的第 6 个年头。这一年，是新三板正式诞生、全国扩容之年。这一年，更是我从财经专业跨界到媒体领域后的重要转型之年。

从那时算起，我在中央电视台证券资讯频道创立全国首档新三板专题节目《聚焦新三板》至今，虽不能算作"老三板"人（"三板"起源于 2001 年"代办股权转让系统"），但也算是三板圈里名副其实的"中老年人"了。

2013 年新三板市场遇到了历史性的发展机遇，虽然叫新三"板"，实质上是全国中小企业股份转让系统，定位于非上市股份公司股票公开转让和发行融资的市场平台，是服务中小企业直接融资、构建多层次资本市场的制度创新前沿阵地。相较于大家所熟知的 A 股市场，这个领域的出现毫无疑问充满了新奇与挑战。金融科班出身的我经过近 10 年在 A 股市场的探索，隐约感觉到新三板市场里隐藏着巨大的机会和潜力。我满怀激情，毫不犹豫地积极投身这一领域，立刻在当时所在的中央电视台证券资讯频道开创了聚焦新三板服务平台，《聚焦新三板》栏目就这样诞生了。

与以往传统媒体只做宣传平台不一样，当时我给《聚焦新三板》栏目的定位是：做成新三板企业服务型大平台，做成一个金融服务类的优秀媒介。与以往大家对传统央视品牌宣传的理解不同，除品牌影响力以外，我们频道及平台多年来的细分受众群体是专业投资者，精准收视人群对于资本市场的关注非常垂直，我们报道的话题及企业关注度的转化率也很高。由此，我们频道及平台得到了投资人和企业的广泛认可。同年，在《聚焦新三板》栏目的成立契机和联动下，当时我作为该栏目制片人，代表央视证券资讯频道与全国股转公司建立起战略合作媒体服务，第一时间为新三板资讯及挂牌公司做好主流媒体的宣传报道工作，也使得频道原有的全国收视观众更及时全面地了解和认识新三板市场。

基于《聚焦新三板》栏目的整体定位，我们选择企业极其严格。对于主动报名参加栏目的企业，我们会收集企业的各类公开信息和财务报告，由专门的审核委员会共同审核。对于解读财务报表、企业估值、判断企业未来的投资价值等工作，我们采取"借力"的方式，站在巨人的肩膀上，联合众多高水准、有专业能力和专业知识背景的机构，如中信建投证券、安信证券、申万宏源、开源证券等券商及新三板研究所、新三板领域各类投资机构，组成专家审核团，从不同角度进行专业审核和提问，采用专业、客观、第三方评价来深度挖掘企业及行业价值，为我们的节目内容把关。

我们尽心做好每一期节目，负责任地把每一家优质企业推荐给观众，一方面为花时间看我们节目的投资人提供真实可靠的信息；另一方面为成长中的中小微企业指出前进方向和发展路径，并为其他同类企业提供可借鉴的发展样板。在这种模式和规制的带动下，8年时间里，我们坚持制作播出节目，积累了大量的优质企业素材。

2015～2020年，我多次带领企业家团队赴美国、德国、瑞士、以色列、日本、韩国等国家进行学习考察交流；先后四次带领企业家及投资机构前往美国开展中美华尔街金融交流峰会、硅谷科技创新之旅、聚焦区块链峰会、巴菲特股东大会；日本邮轮之行——聚焦新三板＆上市公司并购论坛、韩国聚焦区块链专场论坛；2016年5月带队国内投资机构及企业家赴以色列开展2016

中以创投交流会；2017 年 5 月参加了德国、瑞士工业 4.0 智能创新之旅。这些年的海外交流活动，让中国的企业家走出国门，切实接触并了解世界前沿的科技创新及金融战略，也为不少企业和机构促成了国际间的合作。至此，聚焦新三板服务平台真正成为了提供综合金融服务的媒体平台。

与此同时，在央视证券资讯频道工作期间，《聚焦新三板》栏目连续多年获得广电总局数字电视频道优秀节目奖项的荣誉，我也多次获得频道优秀制片人、主持人的殊荣，获得了大家的肯定和认可。

2016 年 1 月 12 日，我主持全国中小企业股份转让系统挂牌企业年会主论坛并协办了《聚焦新三板》专场，这也是首届和全国上千位新三板企业董事长面对面交流的盛会。席间，大家在朋友圈笑谈为什么论坛背景板主色调选择通常被股市回避的绿色。回到台上，我说绿色代表希望，此时对新三板而言，更为深刻的寓意是：三板还是幼苗，需要呵护，使它成长、壮大。的确，从当年的新三板到如今的北交所，这一晃过去了快十年，指数发布、分层、转板……每次新三板的深化改革，我们都亲历着。

从 2017 年起，无论新三板市场怎样波澜起伏，每年 11 月前后，我们都齐聚新三板栏目组和北京华财会计股份有限公司、北京工商大学商学院投资者保护研究中心、中国新三板研究院、中国中小企业协会等一如既往地联合主办的《中国新三板年度风云榜》，为市场做总结展望的同时，也会按照华财新三板投资者保护指数系统，按照成长、创新、治理、投资价值等维度为新三板企业分类颁奖。2020 年，即使在新冠肺炎疫情的影响下，我们也克服困难，坚持办会，并首次创新了以三地会场同步直播联动的方式，完成了当年北京、上海、广州三地的风云榜大会，至今，每年这场盛会已成为新三板圈子翘首以待、必不可少的一道亮丽风景线。

在过往这十五年职业生涯中，我接触了大量勇立潮头、敢于创新、经历种种冲击、取得可喜成绩、实现快速发展、对国民经济全局作出重要贡献的中小企业，"看见"中小微企业的成长经历，我也经常被深深感动着，也一直希望能尽自己的绵薄之力帮助到它们。至今为止，《聚焦》服务平台累计制作节目百余期，土协小相关行业论坛近百场，积累了丰富的企业及金融机构资源，提供了大量的中小企业品牌宣传、投融资对接等各类服务。

2021 年 9 月 2 日，国家主席习近平在 2021 年中国国际服务贸易交易会全球服务贸易峰会上表示，将继续支持中小企业创新发展，深化新三板改革，设立北京证券交易所，打造服务创新型中小企业主阵地。随后，《北京证券交易所投资者适当性管理办法》《全国中小企业股份转让系统投资者适当性管理办法》等业务规则很快提出，有关北交所、新三板、中小企业等信息扑面而来，各大机构举"洪荒之力"备战北京证券交易所（以下简称北交所）。

回顾以往，我们已经为此刻的到来积淀准备了八年之久。我们的节目积累了大量"专精特新"优质的中小企业，采访了许许多多成功的创业企业家，这些珍贵的资料完全可以成为"他山之石"，帮助许多正在探索路上的中小企业降低创业过程中的风险、克服融资过程中的困难，更好地备战北交所。因此，我从节目精选的资料中优中选优，选择了丰电科技、中科国信、中讯四方、特思达、新励成这五家企业的采访记录，希望通过图书的方式，为更广大的读者和观众提供珍贵的资料，希望我们曾经精选的优质企业的成长经验能够帮助更多企业更好地备战北交所，更有效地为北交所建设添砖加瓦。

最后，感谢参与《聚焦新三板》栏目的所有企业家，谢谢他们愿意提供经营企业的宝贵经验；感谢参与点评的所有专家，他们用专业、客观、公正的态度为我们提供了深度分析；感谢经济科学出版社的帮助，提供平台让我有机会为读者分享宝贵的资料，让我曾经的工作记录和思考能够帮助到更多中小企业健康茁壮成长。

最后的最后，谢谢您打开这本书，希望通过我与这几位企业家的对话实录及他们的创业感言，为您带去不同寻常的营养价值！希望通过我们的《"颖"响力对话：从新三板到北交所》，向您展示中国"小巨人"企业的中国影响力！

李　颖

2021 年 10 月 15 日

最大的智慧是在正确的道路上坚持到底

▲ 《聚焦》演播厅节目录制现场

▼ 2019年《聚焦新三板》栏目录制现场

▼ 2019年《聚焦新三板》特别节目录制现场

▲ 2019年《聚焦科创板》特别节目录制现场

◀ 2018年《聚焦区块
链》节目录制现场

▲ 主持2020年中国新三板年度风云榜圆桌论坛

▼ 2020年中国新三板年度风云榜圆桌论坛

▶ 2016年全国中小企业股份转让系统挂牌企业年会

◀ 2016年全国中小企业股份转让系统挂牌企业年会

▶ 2017年中国新三板年度风云榜

▲ 2018年中国新三板年度风云榜

▼ 2019年中国新三板年度风云榜

▲ 2020年中国新三板年度风云榜

▲ 2020年中国新三板年度风云榜峰会颁发最具投资价值企业奖

◄ 2020年中国新三板年度风云榜峰会颁发优秀服务机构奖

◀ 2015年3月18日三板
成指和三板做市指数
正式发布

◀ 2015年3月18日现场
报道新三板指数发布
仪式

▶ 2015年3月18日专访
全国股转公司时任
董事长谢庚

▲ 2015年中国风险投资大会《聚焦新三板》项目对接路演会

▲ 2016年中国新三板高峰论坛

▲ 2017年新三板发展论坛蓝筹百强榜发布

▲ 2017年中国新三板高峰论坛

▼ 2017年中国新三板发展战略高层论坛

▲ 2019年《聚焦新三板》演播厅录制节目合影

▼ 2017年海上邮轮之旅暨新三板 & 主板跨界大会

▲ 2015年美国纳斯达克考察

◀ 2015年美国纳斯达克
交易所

▲ 2015年首届中美金融交流会

▶ 2015年首届中美金融
交流会纽交所专访

◄ 2018年硅谷聚焦区块链论坛

▼ 2017年考察工业4.0之行结束后采访随团企业家

► 2017年考察工业4.0之行德国创业企业协会主席介绍德国投资、创新创业环境及政策

▼ 2017年考察工业4.0之行德国纽伦堡国际商学院教授解读德国制造业管理与转型

▲ 2017年德国海德堡考察工业4.0之行

◀ 2019年韩国首尔
《聚焦区块链》
投融资峰会

▼ 2016年带队赴以色列特拉维夫考察，登机前采访随团企业家

▲ 2016年探访以色列Mellanox TECHNOLOGIES开发中心

目　录

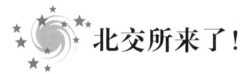北交所来了！

从新三板到北交所的
企业成长之道

目
录

 后记

『颖』响力对话：从新三板到北交所

北交所来了！

「颖」响力对话：

从新三板到北交所

"我们将继续支持中小企业创新发展，深化新三板改革，设立北京证券交易所，打造服务创新型中小企业主阵地。"

——习近平主席在 2021 年 9 月 2 日中国国际服务贸易交易会全球服务贸易峰会上的致辞，摘自《人民日报》2021 年 9 月 3 日第 01 版

这一天，成为很多三板人的狂欢之夜。当然，要想理解北交所设立的意义，就必须放在新三板改革的大逻辑下看待，必须放在中国多层次资本市场建设的历史背景中看待。

新三板自 2013 年正式运营以来，从无到有，逐渐探索，形成了很多符合中小企业特点的制度设计，已发展成为资本市场服务中小企业的重要平台，上接沪深交易所，下连区域性股权市场，成为多层次资本市场的纽带，这也为设立北京证券交易所打下了坚实的企业基础、市场基础和制度基础。

2016 年 6 月，新三板开始对挂牌公司实施分层管理，设置了基础层和创新层；2019 年 10 月，新三板进一步增设精选层，并明确在全国股转系统连续挂牌满 12 个月的创新层挂牌公司，可以申请公开发行并进入精选层（见图 1）。

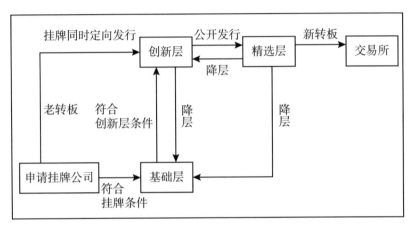

图 1　北交所设立前新三板的分层及升降层

何为北交所?

北交所于 2021 年 9 月 3 日注册成立，是经国务院批准设立的我国第一家公司制证券交易所，受中国证监会监督管理。经营范围为依法为证券集中交易提供场所和设施，组织和监督证券交易以及证券市场管理服务等业务。

2021 年 9 月 2 日，习近平主席在 2021 年中国国际服务贸易交易会全球服务贸易峰会上的致辞中宣布："我们将继续支持中小企业创新发展，深化新三板改革，设立北京证券交易所，打造服务创新型中小企业主阵地。"这是对资本市场更好服务构建新发展格局、推动高质量发展作出的新的重大战略部署，是实施国家创新驱动发展战略、持续培育发展新动能的重要举措，也是深化金融供给侧结构性改革、完善多层次资本市场体系的重要内容，对于更好发挥资本市场功能作用、促进科技与资本融合、支持中小企业创新发展具有重要意义。

北交所建设的原则可概括为：一个定位、两个关系、三个目标。

坚守"一个定位"。北交所将牢牢坚持服务创新型中小企业的市场定位，尊重创新型中小企业发展规律和成长阶段，提升制度包容性和精准性。

处理好"两个关系"。一是北交所与沪深交易所、区域性股权市场坚持错位发展与互联互通，发挥好转板上市功能；二是北交所与新三板现有创新层、基础层坚持统筹协调与制度联动，维护市场结构平衡。

实现"三个目标"。一是构建一套契合创新型中小企业特点的涵盖发行上市、交易、退市、持续监管、投资者适当性管理的基础制度，提升多层次资本市场发展普惠金融的能力；二是畅通北交所在多层次资本市场的纽带作用，形成相互补充、相互促进的中小企业直接融资成长路径；三是培育一批"专精特新"中小企业，形成创新创业热情高涨、合格投资者踊跃参与、中介机构归位尽责的良性市场生态。

北交所与新三板的关系是，北交所新增公司来源于在新三板创新层挂牌满12个月的公司，维持新三板市场层层递进的结构（见图2），北交所将突出"专精特新"的特点，明确简便、包容、精准的发行条件。

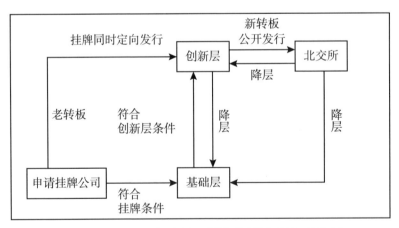

图2　北交所开市后新三板的分层及升降层机制

北交所的发行上市条件有哪些?

北交所上市的企业要符合哪些条件,笔者整理上市条件见表1。

表1　　　　　　　　　企业在北交所上市的条件

标准定位	市值及财务指标条件（满足其中一项）
市值＋净利润 （盈利）	• 市值≥2 亿元 • 最近两年平均净利润≥1500 万元或最近一年净利润≥2500 万元 • 加权平均 ROE≥8%
市值＋收入＋ 经营活动现金流 （成长）	• 市值≥4 亿元 • 最近两年营业收入平均≥1 亿元 • 最近一年营收增长率≥30% • 最近一年经营活动现金流净额为正
市值＋收入＋ 研发投入 （产业化）	• 市值≥8 亿元 • 最近一年营业收入≥2 亿元 • 最近两年研发投入合计占最近两年营业收入合计比例≥8%
市值＋研发投入 （研发）	• 市值≥15 亿元 • 最近两年研发投入合计≥5000 万元

标准定位	市值及财务指标条件（满足其中一项）
主体条件	发行人应当为在全国股转系统挂牌满一年的创新层公司
股权分散度	☐ 最近一年末净资产≥5000万元 ☐ 公开发行：股份≥100万股，发行对象≥100人 ☐ 公开发行后：股本总额≥3000万元，股东人数≥200人 　公众股东持股比例≥股本总额的25%； 　股本总额超过4亿元的，公众股东持股比 　例≥股本总额的10%
负面清单	☐ 最近36个月内，发行人、控股股东、实际控制人存在刑 事犯罪或重大违法行为 ☐ 最近12个月内，发行人、控股股东、实际控制人、董监 高受到行政处罚或公开谴责 ☐ 发行人、控股股东、实际控制人、董监高因涉嫌犯罪被立 案侦查，或涉嫌违法违规被立案调查，尚未有明确结论 ☐ 发行人、控股股东、实际控制人被列入失信被执行人名 单且情形未消除 ☐ 未按照《中华人民共和国证券法》规定披露年度报告和 中期报告 ☐ 其他对发行人经营稳定性、持续经营能力具有重大不利 影响的情形
其他条件	☐ 有表决权差异安排的，平稳运行超过一个完整会计年度

综上，北交所将"以现有的新三板精选层为基础组建"，总体平移精选层各项基础制度，并同步试点证券发行注册制。北交所仍是新三板的一部分，与创新层、基础层一起组成

"升级版"新三板。北交所将聚焦服务创新型中小企业，实现与沪深交易所错位发展。而在北交所设立之后，将形成京、沪、深三地交易所功能互补、各具特色、各显优势的证券市场新格局。

总结关键词为：北交所与沪深交易所、区域性股权市场坚持错位发展、互联互通；北交所与新三板坚持统筹协调、层层递进。

北交所标志着中国资本市场 迈入了新时代

■ 张可亮

北交所来了，是的，这次是真的来了，这是所有新三板人、所有挂牌企业，甚至所有中小企业都梦寐以求的一天。正是因为梦寐以求，正是因为幸福来得如此突然、如此出人意料，才让我们如此惊喜、如此难以置信！但就在今天，它真的来了，并且是由国家主席习近平亲自宣布成立，规格之高，绝无仅有，这是自上交所深交所成立以来，近三十年来资本市场最重要的大事。

国家主席习近平亲自宣布成立北交所，这让三板人的努力奋斗得到了认可，让中小企业的诉求得到了满足，让民营企业家们的贡献得到了国家和社会的承认。北交所的成立，绝不仅仅是给民营企业家吃的定心丸，北交所的发展必将成为稳定、支持民营企业发展，甚至是中国经济发展的定海神针。

可是，在此之前，新三板一直不被主流所看好，其发展经历了太多的波折。所以这次宣布成立北交所，很多人并不理解背后的逻辑是什么。

一、金融体系适应实体经济的需要

从以农业为主的自然经济，到以工业为主的商品经济，再到以信息技术产业为主的信息经济，不同的经济体系必须有不同的金融体系与之相适应。金融体系是由金融机构、金融市场、金融工具以及一系列显性或隐性规章制度安排构成的复杂系统，在社会化大生产的各个环节，研发、生产、交换、分配的各个领域，其实都涉及金融。资金是血液，金融体系就是以央行为心脏的血液循环系统，血液流到哪里，哪里才能活、才能生长。要调控肌体的生长，只有通过调控血液的流向才能实现。

就中国目前阶段而言，要构建符合实体经济转型升级要求的金融体系，从制度的角度讲，需要完善金融法律体系、构建金融调控体系、健全金融监管体系、改革金融机构体系、建设金融市场体系。从内容的角度说，需要改革汇率制度、利率制度、货币发行制度等。可以说金融体系的改革是千头万绪，但是我们不能"眉毛胡子一把抓"，需要抓住主要矛盾，优先解决主要矛盾。中国金融体系再造，微观上要从计划向市场转变，提升金融资源配置的效率问题；宏观上要坚持以人民为中心，保证金融资源配置的公平问题；结构上要提高直接融资比重，支持科技创新，支持经济转型升级。这三个改革要求都可以通过多层次资本市场的改革和建设来实现，抓住多层次资本市场的改革和建设就是抓住了中国金融体系改革的"牛鼻子"。

直接融资（资本市场）和间接融资（银行体系）各有优劣，不能彼此否定，二者在总融资结构中的比重应当由一国实体经济的发展状况和发展阶段所决定。就我国而言，依靠土地、资源、劳动力等生产要素的大规模投入带动经济增长的粗放式的发展方式已经无法持续，与之配套的银行为主导的间接融资体系已经开始失效，用信贷投放来推动经济增长的做法边际效用不断递减，我们必须转型到依靠科技研发、提升全要素生产率来实现可持续增长。我国当前正处于转方式、调结构的关键时期，战略性新兴产业刚刚起步，缺少稳定盈利，更加需要通过直接融资的股权投资进行支持。所以大力发展以直接融资为主的资本市场，构建能够适应国民经济结构优化和创新发展的要求，促进创新资本有效形成的金融资源配置体系，已经变得非常急迫。

二、探索建设社会主义资本市场

应当承认，中国的股市在帮助国有企业解困、帮助大型民营企业融资方面作出了巨大的贡献，但是问题也很多。中国的 A 股市场之所以一直都是追涨杀跌，牛短熊长，无法做长期投资，最根本的原因就是上市公司牌照化所带来的超额利润，大部分股票在发行上市的时候，价格虚高，早已经偏离其真实的投资价值。

A 股市场扭曲的市场定价体系以及行政化的发审制度，除了影响整个资本市场发展之外，带来的更严重后果是，中国的股权投资行业无法生存。一方面，过高的二级市场估值抬升了一级市场估值；另一方面，上市的门缝过窄，能否过会的不确定性太高。这两方面导致中国的股权投资基本上已经被证伪，难以帮助投资人赚钱。中国整个股权投资行业从产生到现在，一直是在这种状况下艰难求生，股权投资行业发展不起来，怎么可能支持创新创业的项目呢？

资本市场应当是关联资金和实体经济的联接机制，也就是一套输送水资源的水利系统，而不仅仅是一个虚拟资产的炒作场，一个可以兴风作浪的蓄水池。我们之前资本市场的股票价格形成机制中，价格早已经脱离了价值和实用价值，价格不再围绕价值上下波动，商品完全变成了概念，变成了一种意识流，变成了资金炒作的筹码。

在党的十八大之后，在两个交易所之外，推出了新三板，一方面是为了解决中小企业融资难，另一方面更为重要的是为了探索社会主义国家到底应该建设一个什么样的资本市场，社会主义的资本市场应当如何与社会主义市场经济相匹配、相适应。可以说新三板是党中央在中国资本市场掀起的一场具有革命意义和历史意义的改革。

说新三板具有革命意义，是指它一开始的制度设计就是针对 A 股市场的弊病而来，可以说是一场彻底的革命。在新三板 2013 年推向全国之前，中国 A 股市场发展 20 多年，依然存在着上市公司牌照化和投资者散户化的顽疾，这两个问题合在一起是导致中国资本市场熊长牛短的症结所在。虽然质疑、批评中国资本市场的声音不绝于耳，谁都知道资本市场问题严重，谁都知道资本市场必须改革，谁都知道改革的方向就是打破牌照化、改变资本市场扭曲的供需关系，可是经过近三十年的发展，A 股市场已经形成了庞大的二级市场，积聚了大量的利益纠葛，不但大到不能倒，甚至已经大到难以改了。想要打破上市公司的牌照化，就要放开对 IPO 的行政控制，实施市场化的注册制，但这必然会冲击二级市场，造成二级市场崩盘，触发系统性金融风险，进而引发社会问题，如果控制上市公司数量，控制新股 IPO 节奏，又使得资本市场融资功能无法发挥，提高直接融资比重只会成为一句空话。

在这种情况下，中央政府再次启用了"双轨制"这个法宝，在中国资本市场"另起炉灶"，做增量改革。新三板的制度设计完全是针对 A 股的弊病而来，例如，A 股上市是核准制，新三板是市场化的"注册制"，打破上市公司的牌照属性；A 股投资者几乎是无门槛开户，而新三板从一开始就是要去散户化，要建设一个机构投资者市场，设定了很高的准入门槛。A 股主要是服务收入利润较高的大中型成熟企业和国有企业，而新三板主要服务创新型的中小企业和民营企业。这些设计，就是为了尝试建立一个与 A 股市场几乎完全不同的资本市场。

说新三板具有历史意义，那是因为我们国家一直在探索建设中国特色社会主义市场经济体制，这是一种前无古人的伟大探索，那么中国特色社会主义市场经济体制应该匹配或者包含一种什么样的金融体系（包括银行体系和资本市场）？中国之前的 A 股市场是否与中国特色社会主义市场经济体制相适应？如果不适应，那么应该建立一种什么样的资本市场来匹配、来适应？是照搬照抄美国的纳斯达克市场，还是吸取诸多海外资本市场的经验和教训，并结合我国经济体制的实际情况，来探索一条中国特色的资本市场新路？我想答案不言自明。

新体制的探索，既需要理论的不断创新，也需要实践的艰辛探索。新三板市场可以说是一场顶层设计和实践试错的结合，我们没有现成的案例可以参考，我们所看到的这几年新三板发展的现状与设计的初衷存在着一些落差，这就是实践探索或者说实践试错的一个必然过程。任何事物的成长，都需要经过一个痛苦的蜕变、迭代的过程，都需要经历否定之否定。经过前后三十年的伟大探索，我们国家探索出了中国特色社会主义市场经济体制，此时，建设一个与社会主义市场经济体制相适应的资本市场以及金融体系，必要且必须！

当然在双轨制之初，新设的市场肯定比较弱小，配套制度不完善，好处没有那么多，但毕竟在计划之外撕开了口子，为将来的发展打开了制度空间。任何的改革都不会是一帆风顺的，更何况新三板是一场相对彻底的改革，所以注定是一场"道阻且长"的"持久战"，每一步向前推进，都会面临着巨大的阻力和体制的障碍，都需要向被改革的一方妥协，都需要寻找迂回前进的小道。改革必须在承认、保护和转化既得利益的前提下（稳住存量），耐心地、谨慎地为发展争取空间（做大增量），不急不躁，迂回前进。我们再去回看1978 年之初的改革，市场经济也是面临着种种困难，但经过二三十年的发展，我们顺利地从计划经济体制过渡到了社会主义市场经济体制，民营企业获得了极大的发展。所以新三板这个 A 股之外的市场，是符合我们经济发展规律要求的新的生产关系，它就是资本市场的普惠金融、资本市场的改革开放，即使过程曲折，但只要假以时日，也必将发展成为可以促进中国实体经济发展的中国特色的资本市场，甚至成为中国资本市场的主流和主体。

那社会主义的资本市场应该是什么样子呢？我们认为应该有以下几个特征：社会主义的资本市场应该是一个价值投资的市场而非价格投机的市场，应该是一个具有流动性却并非全民炒股、过度交易的市场，应该是一个对各类企业开放准入的市场而非少数企业的高端俱乐部，应该是一个兼顾公平与效率而非完全资本逻辑主导的市场。

新三板是一个崭新的资本市场，具有巨大的包容性，其本身就是一个多层次资本市场，各个层次之间既有区别又有联系，内部的每个层次都有自己的特点和差异化制度安排，同时新三板市场还需要照顾与 A 股市场和四板市场的制度衔接与合作。新三板市场既是整个多层次资本市场承上启下的轴心，又肩负着探索中国特色资本市场的重任，这也就决定了其建设的复杂程度要远超 A 股市场。

建设新三板，不能用建蓄水池的思路来设计，不能将新三板再建成另一个 A 股市场。新三板应该建成一整套包含江河湖泊、四通八达、星罗棋布的水利灌溉系统，而不是孤零零的大坝和蓄水池。新三板这套水利系统，必须要通过其小额、快速、灵活的投融资机制，迅速地将巨额的超发货币化整为零，让大量的挂牌企业迅速通过低市盈率、低融资额的融资，来吸纳超发货币，从而让超发货币进入我国实体经济的汪洋大海。就目前新三板的挂牌企业数量，以及以精选层为代表的发行情况来看，新三板已经初步具备这样的条件：企业实现自动分层，发行市盈率低，融资额低，但是量大面广，资金直接进入实体经济。新三板市场在自身制度体系建设完善的基础上，再通过制度建设关联、汇通各地的四板市场，让其成为自己的分叉和支流，共同组成全国联通的水利系统，这应该是中国资本市场的建设思路和终极目标。有这套水力系统，我们就不惧美国的金融战，即使华尔街掀起滔天巨浪，也能化其于无声、无形之中。

新三板一方面必须坚持把自己建设成为水利系统的定位；另一方面也必须能够对抗通胀，即有效地配置资金，让资金进入优质的实体经济，创造出新的价值，让资金回报跑赢CPI。也就是让宝贵的水资源进入田地，长出庄稼，而不是进入臭水沟或者流入盐碱地。要确保这套水利系统的效率，在宏观上需要顶层设计，但是在微观上就必须通过市场机制来运行，通过市场化机制来筛选优质企业，大量优质企业提供大量股票供给，才有可能吸纳资金，平衡资本市场的供需不平衡，压低发行市盈率，降低融资额。

新三板精选层集中的有预期的市场化发行，可以降低发行市盈率以及二级市场市盈率，使得二级市场买入的股票也具有可以长期持有的投资价值，这样二级市场股民不用天天想着高抛低吸；一级市场的 PE 投资市盈率也会相应降低，即使发行不成功，企业仍然有投资价值。对于资金的所有者来说，通过投资新三板获得了跑赢通胀的收益率，资产得以保值增值，对于这些资金的使用者即中小企业来说，获得了资金，增加了就业，发挥了人民群众的聪明才智，为社会创造了财富，同时，低市盈率也不会对企业原始股东造成过度激励，使得他们能够继续发奋努力经营企业，而不是想着套现走人。

新三板，就是中国资本市场的改革开放。

资本市场的改革是指由核准制向注册制转变，而注册制是从新三板开始实验的。资本市场的开放是指设立了新三板，资本市场股权融资开始向中小企业开放。新中国成立之后，我们经过几十年的学习、探索，成功地走出了中国特色的社会主义道路。新三板市场建立之初，需要向美国纳斯达克学习，也需要向 A 股市场学习，但新三板既不应该成为 A 股市场也不应该成为纳斯达克市场，而是在这二者的基础上超越、创新，建设成为与社会主义市场经济体系相适应的中国特色的社会主义资本市场。

三、让资本市场成为金融基础设施

新三板从扩容之后，几年之内挂牌企业迅速增加到了一万多家，很多人开始批评说新三板的规模太大了，美国纳斯达克几十年、国外的资本市场几百年，才有多少家上市公司？新三板，简直是胡闹。这个观点是看到美国资本市场家数少，中国 A 股市场家数少，就想当然地认为资本市场上市公司不能够多。为什么一定要少？因为只有少才会涨。2005 年前美国股市一共有大约 7500 家上市公司，2010 年前只剩 5600 家。平均每年因为被兼并、破产或退市等的公司大约 400 家，平均每年 IPO 大约 150 家，结果就是平均每年上市公司数量减少 200～300 家。美国股市股票的供给在不断下降，而美联储却在不断地放水印钞，所有新增资金都堆到这些存量的股票里面，股票价格得以不断地上涨。这样的资本市场，看似是为企业融资，实际上只是资本用来赚钱的工具，这些企业只是华尔街炒作的筹码道具。

中国的资本市场也要玩这样的套路吗？资本市场应该成为一国的金融基础设施，还是成为少数人获益的高端俱乐部？社会主义中国必须将资本市场建设成为面向所有企业提供服务的金融基础设施，让大量的中小企业只要符合一定的条件，都可以享受到资本市场的服务，就像中小企业可以享受银行服务一样便捷。

新三板，就是中国资本市场的普惠金融。资本市场是否应该成为金融基础设施，这里涉及一个公平与效率的理论问题。讲这个问题之前，我们先来看一下银行体系里面的普惠金融。普惠金融用西方的经济学理论来讲，就是"一件胡闹的事"，在他们看来中小企业风险高，为其发放的贷款利率就必须高，这是正常的风险补偿。但是我们现在推的普惠金融，越是给中小企业的贷款利率越要低，这是明显违背西方金融学原理的。我们现在搞新三板，好像也是违背这个原理，把钱给这些创新能力、盈利能力都不如上市公司的中小企业，显然牺牲了资金的使用效率。

其实不然，按照现在的上市融资情况，假设每家 IPO 企业平均融资规模在 10 亿元，每年上市 500 家，这就是 5000 亿元。精选层大部分是中小企业，融资规模较小，假设每家融资在 1 亿元，在 A 股 IPO 的 5000 亿元，就可以让 5000 家企业拿到资金，而且这些钱是它们急需的，它们拿到资金肯定是立刻投入自己的生产当中去，创造价值、创造就业和税收。但是上了创业板或者科创板的企业，每家拿到 10 个亿，很多企业三五年花不完，那么这个钱干什么用了？要么买楼，要么买理财，反而扭曲了社会资金的合理配置，浪费了社会资源。就新三板来说，公平和效率并非是矛盾的，将资金更多地投入新三板市场，既可以促进公平也能够提高资金的使用效率。

国家已经在银行体系强力推行普惠金融，不管银行愿意还是不愿意。国家设定了标准比例要求，普惠金融的存量和总量占比每年都要增长。新三板就是资本市场的普惠金融，新三板的建设完全可以借鉴这样的方案，国家要求新三板市场的融资规模和 A 股的融资规模挂钩，新三板融资必须占到 A 股融资的一定比例，并且要求比例逐年增长就行。用这个标准考核证监会，证监会再将这个指标分解给各大券商，要求各家券商帮助三板企业融资的比例要达到帮助 A 股企业融资的一定百分比。要用银行体系推动普惠金融的决心和力度来建设新三板市场，要从扶贫攻坚、从讲政治的高度来建设新三板市场。

四、重建市场估值，重新为中国资产定价

新三板要想发挥作用，必须重新定义资本市场，首先必须找到自己的定价之锚，建立起自己的估值体系。只有这样，才真正标志着新三板市场由内而外、由表及里地成为一个独立市场，而不是定价和退出等最核心功能都依附于 A 股的预备市场。但是估值体系的形成需要建立在一定量的基础之上，包括一定规模的企业数量、投资者数量、交易数量等，通过市场的充分博弈才能逐渐形成共识。现在精选层的市场规模比较小，投资者门槛仍然相对较高，所以也不要急于一时。在一定量的基础上，再给这个市场一些时间，整个市场的估值体系会在逐渐摸索和试错的过程中建立起来。新三板在中国多层次资本市场中，处于承上启下的核心位置，新三板如果能够成功完成这步跨越，则将具有里程碑式

的意义。

一方面，新三板精选层的估值，犹如新三板在多层次资本市场中的地位一样，将成为整个中国资本市场的估值中枢。在其之上的有主板市场、科创板、创业板，在其之下的是创新层、基础层以及各地的四板市场，都将以新三板精选层的估值为参考，这样交易所上市公司的资产价格不至于被高估，创新层、基础层以及四板股权交易中心挂牌企业的资产价格不至于被低估。

另一方面，新三板精选层一旦能够重新为中国广大的创新创业型中小企业准确、合理定价，那么创新创业的中小企业在新三板上的估值，将会替代房地产，成为整个社会资产估值之锚和参照标准，甚至会改变整个社会价格体系。例如人力资源成本等的重估和合理定价，社会的各种人力、财力、物力等资源才会得以有效、合理配置，才会人尽其才、物尽其用，发挥出最大的价值。

新三板，重新定义中国资本市场，进而就可以重新定义中国的资产价格，这对于推动整个社会投融资的发展、金融体系的进步，促进社会资源的集约化合理利用，对于中国经济的稳定、健康发展，都将作出巨大的历史性贡献！只有完成这一步，我们才能说中国特色社会主义市场经济体系得以真正建立，才能为国家治理体系和治理能力现代化打下深厚的根基，为我们坚持和完善中国特色社会主义制度提供坚实保障。

北交所重构中国科创资本市场新生态

■ 刘平安

　　2021 年 9 月 2 日，国家主席习近平在中国国际服务贸易交易会全球服务贸易峰会上宣布成立北京证券交易所。北交所的成立，是继 2019 年新三板全面深化改革后，进一步推进新三板改革的必然要求与结果。北交所致力于打造服务于创新型中小企业的主阵地，专门为"专精特新"中小企业提供资本市场服务。这不仅会对新三板市场持续健康发展产生深远影响，也会重塑 PE 行业和券商行业的市场竞争格局，重构中国科创资本市场新生态，提高中国科创资本市场的整体运行效率。

一、北交所将带动新三板持续健康发展

股转公司自 2012 年成立就明确定位为服务创新型中小企业的资本市场。经过近十年的发展，奠定了较好的市场基础，制度安排也在市场发展中不断完善。但市场信心不足、挂牌公司融资难，以及市场流动性不足始终是困扰市场持续健康发展的一大顽疾。2020 年 7 月推出精选层以后，虽然在一定程度上恢复了市场信心，也让几十家优质挂牌公司进入精选层，但依然没有完全从根本上恢复市场信心。十年的市场基础和制度优化可以说是"烧到了九十九度"，市场信心这最后"一度"就是成立证券交易所。

北交所的成立，不仅让市场参与主体看到了新三板在国家经济发展和资本市场改革中的重要作用，也让市场看到了国家大力支持和发展新三板的信心与决心。市场有了足够的信心，再加上制度安排逐步到位，市场也就具备了持续健康发展的前提，这最后"一度"也就会让市场"沸腾"了。

北交所与新三板层层递进的市场层级结构，不仅将从根本上改变基础层和创新层企业的流动性不足问题，也将起到解决新三板市场增量的问题。随着流动性的根本性改善，大量优质"专精特新"中小微企业会源源不断进入新三板，最后到北交所实现上市融资。新三板近十年的发展为北交所的设立奠定了市场基础和制度基础，而北交所的设立将会大力带动新三板的持续健康发展。

二、北交所将提高科创资本市场的整体运行效率

北交所与科创板和创业板因其差异化的市场定位，形成递进的市场结构，为处在不同发展阶段、规模大小不等和风险各异的创新型企业提供资本市场服务。科创板和创业板服务成长阶段偏后、企业规模较大、科创属性更强、风险相对较低的科创型中小企业，是中国科创资本市场体系的高级市场。相对科创板和创业板，北交所服务那些"更早、更小和更新"的科技创新型中小微企业，是科创资本市场体系的基础性市场。差异化市场定位使市场各层级上市公司错位发展，使金融资源得到充分利用、市场功能得以充分发挥。

基础市场和高级市场转板制度的安排，不管是从法律地

位还是市场地位方面说都实现了两个市场的无缝对接，一方面满足了北交所小型上市公司随着企业成长而伴行的更大规模的内生性融资需求，不仅大大降低了企业发展过程中进行资本运作面临的显性的财务成本，更是大大地降低了企业上市的机会成本；另一方面基础市场也为高级市场储备了源源不断的上市资源，使两个市场的市场资源得以整合，市场资源共享，市场效率整体得到提高。

从北交所、科创板和创业板的制度安排来看，三个市场存在一定程度的竞争。这种竞争促使各大交易所不断提高自己服务上市公司的水平和能力。谁提供的服务好，服务效率高，企业就到哪个市场去上市。因此，各个交易所以利益最大化的目标去运行，都会整体促进科创资本市场服务效率和市场运行效率的提高。综观全球科创资本市场，具有竞争性的科创资本市场体系也是独具中国特色的。

三、北交所将重塑 PE 行业竞争格局

北交所的成立，也将打破目前 PE 行业的市场竞争格局。首先，以前不太关注新三板的创投机构会大量进入这个市场

寻找新的市场机会，因为北交所的成立，将从根本上改变新三板市场流动性不足的局面，同时为创投机构提供了通畅的退出机制。其次，对于那些扎根在新三板的创投机构，因为对市场属性把握准确，有通畅的项目渠道，以及市场的先发优势，会有一批优秀的创投机构在三五年内快速成长起来，PE行业的市场竞争格局将会发生改变。再次，北交所和新三板层层递进的市场结构，几乎涵盖了PE行业的全产业链投资。PE投资新三板和北交所的主要环节包括：一是对新三板挂牌前投资，这和传统的VC/PE没有本质区别；二是对新三板基础层和创新层进行定增投资；三是参与北交所上市公司公开发行时的战略配售投资以及询价和"打新"。最后，相对于传统的PE投资，新三板和北交所的PE具备以下特征：一是挂牌与上市门槛低，项目众多，投资机会多；二是挂牌与上市门槛较低，价值成长的速度快，价值成长的空间大；三是市场集中，投资项目的信息搜寻成本很低；四是面向公众市场，其规范性和透明度会大大降低企业的规范化成本和财务风险。

四、北交所将重构券商行业市场竞争态势

券商基于自身成本和收益的权衡，以前从事新三板业务

的激励与动力不足，再加上流动性问题始终得不到有效解决，大部分券商纷纷离场。即使在 2020 年 7 月推出精选层之后，这种情况依然没有得到根本性改观。北交所将彻底扭转这种局面，重构券商行业的市场竞争态势。一是大批券商会进入北交所寻找全新的市场机会，都希望在这个新市场能切到蛋糕。二是新的市场机会出现后，各个券商会根据自身的资源禀赋重新进行战略定位。北交所因其市场定位在为"更小、更早和更新"的中小微创新型企业提供资本市场服务，大券商保荐单个项目的收益相对于 A 股而言要低很多，北交所可能更适合许多中小型券商开展业务，因此北交所可能会成为大量中小券商的主战场。三是券商的专业化能力将不断得以提升。北交所试点注册制，相对于资本市场其他板块，其市场化程度会更高。不管是股票的发行还是交易，都要求券商提供更加专业化的服务，对券商的专业能力和服务水平提出了更高要求。四是千篇一律的券商服务模式会发生分化，特色券商会涌现。有的中小型券商可能专门定位于新三板和北交所，甚至可能专门定位在某一项业务，比如只做保荐业务或做市业务，以提供更加专业化和精准化的市场服务。

北交所是国家对"成长性企业"的一次重仓

■ 曾 乔

北交所及注册制给资本市场带来的最大影响，本质上是令企业价值的定价逻辑（值钱的逻辑）发生了变化。定价逻辑的变化会体现在三个方面。其一，反向影响企业经营逻辑的变化。为了让自己的企业在新的定价逻辑下"值钱"，经营过程中的各种事情都会发生变化，从顶层设计到战略、组织、人才、资源……方方面面的思路、策略都得变化。其二，企业价值的定价逻辑一旦变化，参与定价过程的各类机构的价值取向必然随之变化，上市公司、拟上市公司、中介机构、投资机构……从而导致整个资本市场生态的变化。其三，注册制环境下，企业的成长没有了终局，必须持续接受残酷淘洗，在此过程中也必将催生中国新一代的企业家，一如马斯克、贝佐斯。以下将从这三方面详细阐述。

一、北交所，对成长性企业，意味着什么？

"北交所到底能给我们成长性企业哪些资源与机会？"这是很多企业家看到北交所后第一时间问我的问题。直观上，好像"上市"这件事情离我们更近了一些。但是困惑也油然而生：上市这件事情，尤其是注册制之后的上市，对成长性企业到底意味着什么？

很多企业家脑子里都有这样一个问题："为什么要上市？上市有什么好处？"

我常说，上市是个资本问题，但更是管理问题、组织问题，甚至是治理问题。市值这个东西，不仅仅关乎钱，还关系着对企业尤为重要的几个问题。

关键一：市值，是激励机制的问题。

激励机制是典型的组织问题。关于激励和绩效，过去的理解更多停留在"如何做好股权激励，让上市公司高管共享企业成长，以便激发高管动力"。

但现在 A 股上市公司经营情况越来越复杂，传统的股权激励其实解决不了多层面的激励问题。很多公司用标准化模式做完股权激励之后，更像是个"股权福利"。即便业绩没有达标也无所谓，反正大家都拿不到股权，还不如一起吃"大锅饭"。有时业绩达不达标，自己的努力好像也起不到决定性作用。股权激励甚至变成了标配，不给肯定不满意，但给了也不一定有效果。

仔细思考上市公司的成长过程，会发现并不是给了股权激励上市公司就可以经营好。尤其是有些公司市值大了之后，老股东作为历史贡献者，坐享公司市值成长结果；新进入的职业经理人，市值已成为既定事实，无论怎么做股权激励，股份比例可能都很少，激励空间有限，也许只能解决部分高管短期创收的问题，而不能解决长期事业共同体的问题。

所以市值背后的机制问题就变得尤为重要，这件事情更应该理解为：如何通过有效的市值长期增长机制解决好上市公司的长期造富问题，达到对高级人才长期激励的目的。这是被很多上市公司纳入核心顶层设计考虑的问题，否则没有办法解决新老生产力的替换。

关键二：市值，是个战略管理的问题。

尤其在 A 股，很多公司普遍存在一种误区，认为"我们市值这么低，主要是因为宣传做得不好，不会讲故事"。但其实大多数公司市值不好的底层逻辑是，业务成长的长期空间不被资本市场看好。未来战略是否有价值？这是个典型的战略管理问题。

资本市场有自己的评估逻辑，一个把故事讲得天花乱坠的烂公司也能拥有高市值？显然并非如此。可能有时候某个故事会引起市场情绪的波动，短暂地给公司一个离谱的估值。但拉长时间来看，市值背后一定有一套评估逻辑和机制，它表明了公司未来是否被看好，是否有人愿意为公司的未来买单。

所以，这个问题的背后是"一个企业的长期出路到底在哪里"的问题，从这个角度说，市值其实提供了一种倒逼机制，倒逼企业回答长期"战略成长"问题，倒逼企业回答长期"价值"的问题。

但是，"做生意起家且一不小心把企业搞大了"的老板们往往容易把这种倒逼理解为"你们投资机构不懂我的价值"，而不能系统回答这些长期"战略成长"的问题。如此一来，资本市场"用脚投票"也是自然而然的事情。

尤其还有些企业在经营过程中投机取巧，为了短期市值做市值，为了短期业绩做业绩，最终都在市值问题上付出了惨重的代价。

其实反过来想，市值不就是一个最好的战略管理过程吗？

关键三：市值，还是个考核机制的问题。

很多人会疑惑，市值还得考核？一说到考核，大多数人会想到绩效，认为是个典型的管理问题和组织问题。但是回归到"如何对企业价值进行考核"的问题上，市值就是最关键的 KPI。

现在很多上市公司都在孵化新业务、培育新产业，尤其是一些平台型公司，拥有很多创新业务或独立的业务单元。如何评估这些业务是否具备长期竞争力和产业价值？如何平衡短期业绩达标和长期价值创造之间的矛盾（注意：职业经理人有各种办法可以让公司短期业绩表现好，但长期来看这些方法可能使公司底子变差）？

小米集团为回答这些问题提供了一个很好的范本。去看小米的报表，小米生态链企业为小米集团贡献了很大一部分的收入，甚至可以理解为，小米生态链是小米的供应链。如果我们把小米理解为一个整体，你会发现小米做的最大的创新是它把各种供应链部门都给独立公司化了。

而小米生态链企业的创业者们，也不会期待小米能让他们发财。小米会给他们投一笔钱，他们拿着这笔钱独立做大之后，让自己公司变得有价值、有成长性、有独立融资能力，甚至完成资本化、证券化，最终解决核心团队的财富问题。

这不就是最好的考核机制吗？

对于上市公司来说，也是同理。上市公司旗下的那些创新型业务单元，能否实现独立的资本化价值，能否独立融资，能否独立引入战略投资者，能否独立股权激励……这些事情决定了它们能否通过"市值"这个机制来完成效率考核以及动力的下沉。

雷军几乎从不去管小米生态链企业的管理效率如何，但是这种市场化的资本机制，让小米生态链的每一个企业都"压力山大"，拼命成长。

所以最好的考核，是用市场化的力量去考核，而市值就是这个市场化的力量。

关键四：市值，也是个公司治理的问题。

在当前的 A 股，如果一家上市公司，治理结构不合理、股东结构不稳定、大股东没有倾心经营、股东资源没有得到最优化配置、公司内部最先进的生产力没有成为公司的主要受益方、规范程度模模糊糊，这家公司的市值不可能高到哪里去，这是不难想象的。

为什么当前很多资金抱团于核心资产，为什么核心资产能持续高估值？从某个角度说，确实是因为这些核心资产更加容易看清楚、更加容易预测未来，应该有市场的力量监管它们。

A 股有不少民营企业，因为创业时的历史原因，合伙创业且股权比例相近，在多轮融资、几番减持之后，公司可能都没有实际控制人了。更极端的情况，还有创始人不管身后"洪水滔天"，直接套现走人。试问，这种公司市值怎么可能高？如果一个公司没了主心骨，或者经营层谋求私利，公司股东会、监事会、董事会权利得不到有效保障，市值怎么可能会高？或者有些公司老板股份独大，把上市公司当作自己的私产经营，想怎么做就怎么做，市值怎么可能有溢价？

以上问题都是治理问题，市值都会做出回答。

甚至对于大股东来说，公司如何完成职业经理人团队的新陈代谢，如何完成接班问题，如何完成领导力交接，种种问题都关乎一个机制问题，这个机制是什么？对于真正能够完成职业经理人治理转型的公司，肯定不是靠着 KPI 或者薪酬绩效来验证团队是否可靠，那么市值可能就是那个机制。

关键五：市值，还是事业命运共同体的问题。

大股东和职业经理人团队之间存在最普遍的问题是什么？肯定是绩效考核博弈问题。大股东总希望在资源不变的情况下取得更高业绩；经营团队总希望在增加资源投入的情况下，业绩考核不要增长太快。问题出在哪？双方不是事业命运共同体。

虽然各种提成激励、分红机制可以换来短期的平衡，但是这类激励机制的"边际效果"会越来越差（同样的激励机制，能产生的动力每年都比上一年更小）。怎么办？

如何形成事业命运共同体？核心就是一件事情，如何让经营团队为自己的长期事业打工，且公司就是这份长期事业的载体。

经营层如果作为公司的核心股东方，他们自己的"盈利模式"如何升级？如果是核心股东，他们的盈利模式应该从业绩绩效走向真正让股权有价值、有市值。在底层机制和事业命运共同体绑定的问题上，绩效不能完成回答，但是市值可以完成回答。

以美的这样的公司为例，为什么能完成职业经理人接班？如何基业长青？本质上还是回到市值这个问题，在资本这个生产关系的顶层设计上完成了系统回答。

事业命运共同体，这是组织管理一直在讨论的范畴，但这也是个市值问题。

关键六：市值，竟然还是士气和信心的问题。

管理学上有个看法，当一个团队有了士气和信心，团队会变得非常有凝聚力、战斗力，这是管理学中"领导力带来生产力"的典型看法。

我自己在这十多年的咨询工作过程中，感受到的一个明显现象是：当一个公司战略执行获得资本市场的验证，市值高亢，你会发现这家公司士气满满，人心很齐，屡战屡胜；当一个公司开始被资本市场抛弃，这个时候往往高管战略迷茫、员工私下议论，连供应商都怀疑公司到底行不行。

经营士气和战略信心，这是典型的管理问题。管理一直在追求的不就是组织氛围和管理有效性吗？但这个问题也和市值有着千丝万缕的联系。

以上六点，关于整个公司的激励机制问题、战略管理问题、考核机制问题、公司治理问题、命运共同体问题和士气氛围问题，看上去都与市值没关系，但其实大有关系。

市值，不仅是个资本问题，更是个管理与组织问题。它关乎企业的顶层设计、经营机制生产关系、内生动力、事业认同、价值创造。

仅仅就资本运作和金融工具来谈一个上市公司的市值问题，只是"市值经营"的初级阶段。如若不能到组织层面思考资本顶层设计问题，就永远理解不了一个企业真正在运行机制上、在企业成长上和资本融合的过程。

这种经营思维的变化，看上去好像只是多了一些经营的"工具"，但这背后其实意味着一整套经营哲学的变化。

尤其是最近两年，有很多企业遇到同一个问题：赚钱但是不值钱。

我自己做了十年的资本顶层设计的管理咨询，深刻地感受到了这样一个问题：国内大多数企业的经营管理架构，其实是围绕着业务与产品逻辑展开的，比如管理有总裁和总经理，研发有CTO，财务管理有CFO，营销有CMO。基于企业经营维度下的管理体系，基本是比较完备的，这套传统的管理体系，确保了业务经营的顺利开展。这套管理架构，基本上也是围绕着西方管理学体系建立起来的科班管理架构。

但是在实践过程中，尤其在一些规模比较大的行业中，我感受到一个比较明显的现象：虽然业务经营、短期考核、业绩达成、业务流程都有人管，甚至管得很好。但是整个企业的价值，可能反而在衰减。

其背后的原因，可能是产业周期进入了不同阶段、产业未来发生了本质变革、生意品质开始出现变化……一句话总结就是，在当前以 CEO 为核心的管理体系下，有些事情可能是被忽略了的。

在传统逻辑的产品经营组织体系下，至少有以下几个问题经常容易被忽略。

（1）产业结构问题：应该什么时候进入或退出某个产业？这个产业在什么时候进入或退出资本收益最划算？什么情况下如何进入或退出？

（2）资本结构问题：某些资产在二级市场值钱，还是在一级市场值钱？是分拆独立发展值钱，还是打包一起上市值钱？

（3）长期战略选择问题：资本市场如何看待公司的长期

战略选择？长期来看是否是一门赚钱且值钱的生意？核心竞争壁垒如何体现？长期来看是否能够做到不辛苦地赚钱？95%的公司制定的战略都是业务竞争战略，或者叫战术。

（4）资本的增量机会与资源问题：下一轮牛市能够带来什么样的新战略机会（这个问题会比较挑战业务经营人员的"脑洞"）？能带来什么样的资本机会？是否有举牌收购竞争对手的机会？

（5）资本重大风险问题：是否存在被举牌收购的风险？是否存在质押爆仓的风险？股权结构是否合理？公司治理是否影响公司资本价值？

不仅仅是这几个问题，但这几个问题尤为凸显。

为什么这些问题以前感觉不到，但现在变得很重要？核心原因在于过去十几年中国资本市场的发展，以及近年资本市场注册制的到来。A股过去20年，证券化率年化增长超过20%，一个80万亿级的全球第二大资本市场对企业经营模式带来了深刻的影响。

本质其实就是一个问题：企业价值的定价逻辑（值钱的逻辑）在发生变化（见图1）。

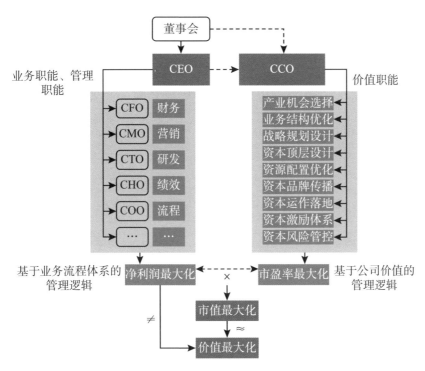

業務職能、管理职能

价值职能

基于业务流程体系的管理逻辑

基于公司价值的管理逻辑

图1 君为资本"企业价值的定价逻辑"

　　很多人认为，企业价值的工作都是董秘和 CFO 的分内之事。但是至少在我接触的几百家 A 股上市公司中，真正能够系统架构与操盘企业资本价值的董秘和财务总监，少之又少。大多数企业的董秘，其实是停留在具体的资本工具执行、监管合规和"三会"事务层面开展工作。

　　那么关于"企业价值"这件事情，应该由谁管？大多数A 股公司内部，其实没人管，我过去十年接触过的几百家上市公司的真实情况就是这样。我认为所有心怀产业理想的企业，都需要这个角色——CCO（chief capital officer，首席资本官），这个角色的定位显然在董秘或者财务总监之上，高段位的董秘可以发挥 CCO 的职能，但 CCO 肯定不仅限于董秘的职能。

其实，这些企业都需要一个管理角色来统筹"企业价值"的问题。不局限于证券事务、资本工具和投资并购，而是不同于以产品业务经营为核心的管理职能所对应的价值管理职能。CEO 除了要管业务外，更应该管"价值"，但大多数职业经理人在价值方面的理解和实操能力其实是偏弱的。其原因也和过去十年中国职业经理人的发展环境有关系，A 股的资本市场生态变化速度太快，大多数职业经理人的成长是基于业务逻辑，而非业务与资本相互影响的逻辑。

那么，CCO 到底管哪些问题？大体来说，我认为有九个方面。

第一，产业机会选择。基于产业周期与产业价值角度思考业务布局问题、战略上的进入与退出问题、产业的估值问题。

第二，业务结构优化。现金流业务、高估值业务、高潜力业务的匹配是否合理？现金流与资本开支是否匹配？

第三，基于市值成长的战略规划设计。

第四，基于战略开展的资本顶层设计。

第五，资本配置与结构优化。

第六，资本品牌传播。

第七，资本工具应用与实操。

第八，资本激励体系。

第九，资本风险管控。

"管资本"的本质，其实是管理一个企业自身的定价问题。你自己的企业值多少钱？你是否能够说服资本市场？是否能够给资本市场以证明？是否能有长期思考？是否能够倒逼业务成长？这些都是"管资本"应该管的问题。

这些问题最终体现到 KPI 上，应该是围绕企业价值主动管理自己的长期"市盈率"，对应于业务管理架构中的管利润与业绩。相比之下，业务管理面对的是产品市场中的客户，也就是终端消费者；而管资本这件事情，面对的则是资本市场的"客户"，即机构投资者、投行中介、银行等。

业务与资本两者相辅相成、相互影响、相互叠加，便是企业的长期市值最大化，即"值钱"的问题。

残酷地说，从"赚钱"到"值钱"，并不是一个对等的过程。对于有些企业来说，甚至不亚于二次创业、凤凰涅槃。但是，没有办法，我们已经处于注册制的大潮之中。

二、北交所，正在改变资本市场的生态

企业价值的定价逻辑一旦变化，定价过程的所有参与主体——中介服务机构、二级市场投资者、一级市场投资机构……它们的价值取向必然随之变化，从而导致整个资本市场生态的变化。

（一）中介服务机构进一步分化

注册制将推动中介机构的进一步分化，典型的领域是投行、律师事务所、会计师事务所。在注册制下，他们的客户规模及支付能力会发生分化，中介机构也会因此被分为头部、腰部和尾部。

拥有解决复杂问题能力的顶尖中介机构，能与最优秀的上市公司一起前行。但对于大多数中介机构来说，虽然因为注册制项目数量变多，但他们的很多客户本身实际上没有资本溢价，导致在产业上的作为也将非常有限。而能否"赌"

中有长期成长性的客户，成为中介机构未来能否在市场上持续生存的关键。

中介机构的专业化红利时代即将到来。对于券商研究所、券商资本市场部这样的中介机构，未来将出现两个显著变化。

一方面，这些资本中介机构能否为上市公司带来进一步的定价权效应，将决定中介机构的含金量。含金量高的中介机构将成为上市公司在资本市场的"水泵"，把资金源源不断地"泵"给上市公司。"定价权"也决定了市场资源会向最头部的中介服务机构靠拢，中国未来也会出现自己的玛丽·米克尔（Mary Meeker，美国互联网女王，华尔街证券分析师）。

另一方面，优质的资本市场中介资源也将更加集中，发现优质资产的能力变成稀缺能力。优秀的中介机构更倾向于寻找更优秀的资产，尤其是那些具备持续成长性、能够跨越市场自然分层的潜力型资产。按此逻辑，未来优秀的分析师、资本操盘人、律师、证券承销商、董秘将会变得更加抢手。美国资本市场、中国香港资本市场，无一不是如此。

（二）投资者生态将因注册制发生颠覆性变化

注册制对投资者结构的影响，在不同时期有不同的表现。

短期看，因为注册制会使得资本市场上的资产增多，散户将更加活跃；但长期看，则体现为去散户化的过程。

综观全球成熟资本市场，注册制之后最大的表现其实是非专业投资者的盈利难度加大。40年前，在日本证券交易市场也有众多的证券投资顾问公司，但后来，这些公司要么破产，要么转型为基金投顾公司。背后的本质原因是随着证券市场的逐步成熟，直接参与证券市场的个人投资者可能会变少，这些个人投资者在家庭理财的建议下，会选择购买各种基金产品，在注册制的长期作用下，专业资产管理公司的资金管理规模会进一步放大。

注册制将给中国资本市场未来十年都带来深远影响。但需要说明的是，注册制带来的变化肯定不会一步到位，而是会在一个极其漫长的周期切换中逐步演进。而这个过程，就是中国资本市场逐步走向成熟的过程。这种成熟的过程，可能很难用一个具体的时间节点来划分，这种状态可能会是反复的、融合的、渐进式的。但当我们某一天真的能够感受到微妙细节时，可能我们已经身处其中。

这个阶段，迟早会到来，资本市场的新时代，也将孕育而出。

我们可以做几个结论推演。

（1）注册制将"上市"和"有流动性"两件事情分开了。很多人认为，因为注册制企业上市越来越容易了，甚至部分怀有幻想的拟上市的企业家，觉得自己能够拿到资本市场最后一轮政策红利。未来公司上市可能确实容易了，但流动性的获取会更难。

（2）公司"证券化"的试点可能提前。公司可以选择在早期体量还很小的时候快速实现上市。未来，从资本化到证券化的速度将进一步加快，有不少公司可能在 B 轮、C 轮的时候就选择 IPO，走向公开市场。亚马逊便是在 4 亿美元市值时在纳斯达克 IPO。尽管目前在国内资本市场我们还看不到 4 亿人民币市值的上市公司，但在未来，这一逻辑是成立的。

（3）另一种情况也会出现，会有部分企业宁愿选择在更晚的时间，以更成熟的姿态完成公众市场的上市。因为过早上市可能溢价效应不再像过去那样明显。就像农夫山泉，足足撑到了 50 亿元净利润规模才去香港上市，前期并不是不能上市，而是公司认为应该在上市时展现出自身最好的财务状态，如此才能充分享受资本市场的溢价，才能一次性拿足红利。

但不管 IPO 时间上的早晚，有一点是不变的，那就是企业应该充分做好迎接资本市场的准备，因为上市对一家企业的主动性资本管理能力提出了更大的挑战。

在注册制环境下，具备更专业、更优秀的团队对于资本市场来说显得更加重要，因为这些经营能力会是行业中的稀缺资源，而注册制本质上就是会使资金更好地配置在稀缺资源之上。专业化的经营团队与资本团队将会变得更加强势。资本追求成长性，而成长性来自于经营能力，经营能力体现为团队的落地实操能力，按此逻辑，资本最终是跟着最优秀的经营能力走，一如华尔街始终给埃隆·马斯克以高估值。

甚至未来可能会出现核心管理层比股东更加强势的状况，这可能会倒逼出现中国新一批的职业经理人队伍。管理层的强势，体现为优秀管理层整合资源和资本的能力将更加强大，具备经营能力和资本能力的优质职业经理人团队则有更大的选择空间。而作为上市公司股东或者上市公司的壳资源方，想要联合这种能力，反而变得弱势。一旦某个优秀的团队看上某块资产，他们可以联合外部资本方共同实现 MBO（management buy-outs，管理层收购）。这样的案例，已经开始在 A 股出现。

（三）注册制下一级市场的投资逻辑将出现两个趋势

由于二级市场对上市公司的估值定价逻辑发生了根本性的变化，一级市场的估值逻辑受到其影响，也将产生深刻变化。这种影响的本质，是一级市场估值逻辑开始逐步和二级市场估值逻辑接轨。

回顾过去十年，中国一级市场的私募股权投资，尤其是以人民币基金为代表的投资估值逻辑，本质上都是以 IPO 定价进行资产价格锚定的。

一个 PE 投资的常见场景是：投资机构找到一家拟上市公司，在评估完合规性和证监会要求审核的情况下，只要未来这家公司能达到 5000 万元净利润，不管它未来上市之后的表现如何，在 PE 投资阶段大多用 5000 万元净利润乘以 10～15 倍市盈率完成估值定价。按这个价格投入，如果三年之后真的达到 5000 万元净利润登陆资本市场，公司的估值可能会达到 30 亿元甚至更高（因为以前的新股估值普遍很高）。通过上市审核的前后对比，会出现一个基于 IPO 审批制的跳跃性的估值溢价。

注册制成熟后，上市之后的公司估值越来越低，5000万元净利润的公司可能只有5亿~10亿元的估值，按之前投资逻辑和定价模型的一级市场 Pre-IPO 盈利模式将彻底失效。

在注册制下，一级市场的投资逻辑将出现两个趋势。

其一，如果5000万元净利润已是这家公司的盈利天花板，则公司本身可能并没有过大的独立资本化的价值，未来并购可能反而是更好的归宿。因为就算实现了 IPO 也无法完成流动性的兑现。注册制虽然看起来使得上市更容易，其实长期看反而对并购市场更有利。

其二，假如公司长期的盈利能力远不止5000万元净利润（例如未来几年能达到2亿~3亿元净利润），则在注册制环境下，这类公司在上市之前可能估值就会超过10亿元，因为上市这件事情已经不构成障碍。

一级市场的估值逻辑会彻底因为成长性的不同而出现不同的投资体系。一级市场的估值体系，尤其是人民币基金的投资逻辑，会与美元基金的风格趋同，一级市场将更加注重被投企业的长期成长性。

假设注册制后上市财务指标更加灵活，拟上市公司应该追求长期成长性价值而非短期的财务指标达标。进一步来说，拟上市公司短期赚钱与否不再重要，重要的是有长期价值创造与赚钱能力。

相比较短期财务指标与上市合规性要求，一级市场投资机构将更看重公司对长期成长性的建设、对核心能力的打造，以及对公司业务品质的提升，由此将会产生两个现象。一方面，具备长期成长性的公司可能会优先受到资本市场投资机构的关注，因为它们代表未来。所以仅看当前净利润规模做投资的模式无法继续。另一方面，还没上市但有未来的细分龙头公司，估值将会全面提前二级市场化，即可能还没上市就能享受上市后的估值溢价。

而更深层的变化是，一级市场投资机构的核心能力将发生变化。

在过去一级市场做投资一直存在两个难点：一是不知道好项目在哪里，因为很多行业的信息不够公开透明；二是有些好公司，就算找到了也并不一定能够投得进去。

二级市场的证券投资是标准产品，只要你看好，在交易系统上下单就能完成买入行为（如果流动性足够的话）；而一级市场是不同于二级市场的非标准的投资，每一单投资都需要具体谈判，这就决定了在过去的投资逻辑下，一级市场投资机构的项目搜索能力非常重要。甚至能否投出好项目的核心要素，就在于是否有头部项目的人脉与关系。

但基于我们刚才的判断，注册制会使得很多企业的证券化时间提前，很多公司的非标准的股份投资会变成标准化的证券投资。这对于投资机构的重要影响是在电脑前看年报就能找到足够多的好公司，对投研能力的要求将远远超过对项目搜索能力的要求。能否做好深度的行业研究，能否形成深度的行业理解，能否对行业未来形成提前预判，知道什么样的公司能长大，知道什么样的公司会有"天花板"……这种投资规律级别的研究能力将变成投资机构的核心竞争力。

对于投资机构，研究能力将比找项目跑圈子的能力重要得多，"知道投什么"将比"如何找到"更重要。我们可以想象一下，有一天投资公司可能不再需要华丽的装修、大量的项目人员、来回的差旅费、绞尽脑汁的投资价格谈判，只要在电脑前做好投研工作，需要时进行实地调研，就能买到好公司，规模很小的投资管理公司也能参与优秀公司的成长。长期看，投资机构的盈利模式将会发生根本性的变化，甚至投资公司的成本结构都会发生改变。

同理，以上市为对赌条件的 Pre–IPO 投资模式也会逐步失效。因为上市很容易，但上了市却不一定有资本流动性，没有流动性的话依旧无法退出。过去以上市为对赌条件的风控模式与风险转嫁机制会彻底失效。

未来，不勾兑、不靠对赌、非套利，研究能力将是投资机构长期的核心竞争力。

三、注册制下的中国资本市场，将催生新一代企业家

注册制已经开始倒逼企业家们思考：在这样的资本市场上，应该追求什么？选择什么？未来是什么？终局是什么？

注册制，甚至可能进一步改变企业的成长终局。对企业来讲，注册制导致最大的一个变化是什么？是在企业成长这件事上，这场比赛没有了终点，整个企业的发展，进入了一场没有结束的战争之中。

以前上市就可以是终点，或者百亿市值就是终点，5 亿套现就是终点，年赚 10 亿利润就是终点。现在好像都不是了，问题一个接一个，全是挑战，没完没了。不管是十几亿

市值的次新股，还是千亿市值的大蓝筹，大家底层的困惑，好像都差不多。

我们可以推演一下，长期看，企业家会有哪些选择？

一个创业者，一路打怪，拿到 N 轮融资，如果不去 IPO，要么当生意做，择机撤退，赚一把钱就赶紧撤；要么选择被并购，估值高点卖资产，给投资人和高管一个交代；要么一直不上市，又做不大又死不掉又不想卖，接班人都找不到。短期可以折中，长期没有中间态。

如果选择上市，还成功了，20 亿～30 亿元市值，也不是稳态，如果 2～3 年内不能消化历史包袱，找不到新的爆发机会，市值可能会跌到 20 亿元以内，如果还找不到，跌到 10 亿元以内；经过几轮资本周期的洗礼，一旦环境变化、盈利周期过去，只能是要么退市，要么重组；10 亿元不到的市值，拿不到资本资源，就是在资本市场上了个假市，老板会想：算了吧，退市吧！一旦退市，投资者没法交代，高管无法安抚，企业没人接班，自己的企业战略选择又回到非上市企业的选择。

如果还有些利润，但也不多，也不增长，那就是估值不高，港股化；可能主动退市成本更低，但一旦退市，又回到非上市企业的产业竞争选择中。短期可以折中，长期没有中间态。

如果利润不行，估值也不行，要么卖壳公司（壳再过两年也不值钱了），要么退市。

如果市值能到100亿元，挑战继续，如果3～5年看不到挑战千亿的机会，市值可能重回50亿元市值，变成了一个"高利润但低估值"的公司，传说中"赚钱但不值钱"。高利润低估值的终局是什么？要么在资本市场上自己玩，慢慢逢低回购股份；要么被那些千亿级上市公司给举牌了，被头部上市公司战略投资，变成旗下板块，还省了分拆上市。

所有公司都在这个称重器里不断地进化，资本像投票器一样不断对资本市场中的上市公司做出选择。最终能被选择出来的人，都是那些在资本市场中逆势而上的人，而且是一直逆势而上，没有终点。

再试想一下，当一个比赛没有尽头的时候，企业经营的方式和逻辑可能都会变化。注册制带来的资源分化，也在反向影响企业经营逻辑的变化。

对成长性企业来说，追求短期的盈利其实没有那么重要，长期的业务品质提升才是真正的战略问题。从投资者的角度看，当前能不能赚2000万元其实并不重要，更重要的是如何能在三年之后每年赚1个亿。这可能会使大多数公司的战略思考方式出现颠覆性变化（有多少公司，误以为战略就是如何快速赚钱），对经营管理层的企业经营方法论也会带来重大挑战。

在这样的假设下，如果用注册制下的经营思维来评价企业战略，甚至很多公司的考核指标都要调整。它们的 KPI 是否能够代表企业未来的长期成长性？这种体系将从考核收入与净利润，变为考核公司的长期业务价值，因此对商业模式、活跃用户、用户复购等底层业务逻辑的探讨将变得更加重要。

对一级市场投资机构来说，不再有一套通用的能够快速判断企业是否值得投资的财务标准，因为判断企业价值需要深入研究公司的业务逻辑，需要判断未来的战略价值。基于行业价值的判断力与对企业战略成长方法论的理解，会比以前 Pre－IPO 单纯以调研财务与上市规范性为前提的投资逻辑要复杂得多。跳出短期财务报表来衡量企业长期成长性价值，这件事情事关产业，而非金融和财务。

而对于那些哪怕净利润已经有四五千万元，但是无法再进一步长大的公司，资本方面的选择也将会变得更单一。要么只做生意不上市，有当下但没有未来，因为即便上市了也没有估值优势和流动性；要么选择与龙头上市公司联手合作，寻求被并购的机会，通过与大市值上市公司的合作来寻求资本流动性及定价的锚定。

没有长期成长性的公司，在资本市场上的长期流动性溢价将被逐步阻断，并购可能变成部分公司唯一的资本市场选择。众多小而美、具备产品优势、有独立竞争壁垒但是无法长大的公司将具备更加清晰的资本套现路径，这一时间窗口可能是未来 3～5 年。这也构成了下一轮造富机制的底层逻辑——做出小而美、有核心优势的好产品，然后卖给上市公司。中国版的红杉资本联手思科公司（Cisco）的并购成长模式将真正落地成熟，甚至创业市场也会因此产生变化。

更关键的是，注册制加速了新业态、新经济、新科技的证券化，让这些资产出现在公开的资本市场上，这会使得过去的新业态相比之下不再新兴。一个公司在新业务上一旦变得"传统"，资本红利也将衰减。以美国资本市场为例，2015年，优步（Uber）享受了出行经济最大的资本红利，但是到了 2019 年，Waymo 的横空出世，吸引了智慧出行领域大多数资本的关注。

这种市场化的流动性转移，将会倒逼企业竞争能力的升级，推动企业做出自我革新型的战略选择。因为一旦企业失去创新能力，就将失去资本溢价。这也是为什么脸书（Facebook）为了布局移动互联网的即时通信领域，可以花190亿美金并购智能手机通信软件WhatsApp，这并不是情怀使然，而是资本市场倒逼的结果。如果Facebook不并购WhatsApp，资本市场将会选择直接支持WhatsApp。所以，注册制下，资本市场对于头部企业也是一样的残酷和现实。

而这种残酷的资本力量，又会进一步强化产业市场的整合。对于华尔街的投资机构来说，直接投资WhatsApp，不如投资整合了WhatsApp的Facebook。因为在资本市场上，越大的公司安全性越高，资本愿意为这种并购带来的安全感买单。

脸书是这样，亚马逊（Amazon）是这样，苹果（Apple）也是这样。这构成了注册制资本市场的底层丛林法则——强者恒强、阶级分层。注册制就像一只无形的手，调控着产业市场的资本脉络。

对成长性中小企业而言，北交所是重大的发展机会，而长期来看，注册制又是一场残酷而理性、艰难而正确的资本市场的"饥饿游戏"。所有上市公司，都在加入一场无限制、无尽头、不以主观意志为转移的竞争赛道上。而中国经济，也在这个过程中，踏浪前行。

注册制，正在用一套残酷的漏斗机制，在 A 股中"筛"那些长期看可能只有几十个的产业真命天子。我们觉得，天哪，A 股，这么残酷的？但你仔细想想，美国市场不是这样吗？马斯克、贝佐斯不就是这么被"筛"出来的吗？注册制下的中国资本市场，也必将催生新一代企业家。

以长远动态的视角积极看待
北交所和新三板

■ 刘 靖

　　2021年9月2日，国家主席习近平在中国国际服务贸易交易会全球服务贸易峰会上宣布成立北京证券交易所，短短几分钟的新闻播报，却在朋友圈中炸开了锅。作为新三板研究的老兵，自然也有很多朋友来和我探讨"北交所"的意义。

　　来交流的主要是券商投行、挂牌公司以及投资人，大多数人对于北交所的发展都持积极态度。但有趣的是，持相对谨慎态度的反而是其中较为专业的一部分人，他们的主要观点是，从目前发布的制度规则来看，"北交所"与"精选层"

并无实质差别，只是"换汤不换药"而已，并不会实质改变新三板。

这些看法都不无道理，但我想强调的有两点。

一是要宏观地看问题，不能"只见树木不见森林"。规则都是可以调整的，关键是党和国家为什么要设立北交所？或者说设立北交所的目的和意义是什么？

二是要动态地看问题，不高估短期变化，更不能低估长期影响。无论是挂牌公司，还是投资人，其行为调整可能都需要经历一段时间，但信心比黄金更重要，我们需要从长期的视角来看待北交所设立对新三板的深远影响。

北交所设立是天时、地利、人和的结果。

北交所契合国家经济转型的战略要求，是为天时。2008年美国次贷危机是全球经济发展与地缘政治格局的重要拐点。中国经济迫切需要转型升级，一方面从依赖外需转为发展内需，构建内外经济双循环格局；另一方面经济发展的动力要从要素驱动、投资规模驱动向创新驱动转变。而中小企业是创新的重要动力来源，中小企业虽然没有大型企业的资金与人才优势，但其机制灵活、效率高，颠覆性创新经常来自于中小企业。2012 年开始，国家出台一系列支持"专精特新"

中小企业的政策，正是因为认识到许多中小企业能在某些细分领域具有很强的竞争力，能与大企业配套协同发展，解决我国技术"卡脖子"问题。工信部公布的 3 批"专精特新"小巨人企业中，有 370 家在新三板挂牌，其中不乏一些细分领域的隐形冠军。根据我们的统计，截至 2021 年 9 月 30 日，已经在沪深交易所上市的小巨人企业有 324 家，沪深 IPO 在审 153 家，大量企业仍在一级市场培育，而新三板大有可为。未来，北交所将被打造成服务创新型中小企业的主阵地。

北交所依托于新三板完整的中小企业服务体系，是为地利。首先，新三板并不缺乏好公司，能为北交所提供充足的优质项目。从 2006 年成立起，至 2021 年 9 月 30 日，新三板累计挂牌公司数量高达 1.34 万家，其中 299 家已成功转板至沪深交易所上市，当前 IPO 申报的项目中，新三板为创业板贡献了 35.3% 的项目来源，为科创板贡献了 19.3% 的项目来源。其次，北交所依托于新三板，能为中小企业服务作出更多的独特制度安排。新三板定位于服务中小企业，对中小企业的包容性更强，也更市场化。例如，北交所相对于科创板和创业板来说，发行财务门槛更低，行业包容性更强，公开发行时的保荐审批时限也更短，公开发行融资按需进行，无须发行总股本的25%，只须达到公众持股比例25%，上市后对于中小企业也没有强制分红规定。这些都是为了降低中小企业融资成本做出的金融服务创新。最后，北交所与股转系列的基础层和创新层协调发展，能更好地加强中小企业的规范性，控制公司治理风险。中小企业投资风险高是不争的事实，北交所背靠股转系统的规范体系，能更好地控制中小企业的信息披露与治理风险。

党和国家对于中小企业的高度重视，社会对于发展"专精特新"、走创新驱动战略形成了高度共识，是为人和。北交所的设立，与大型企业反垄断、扶持中小企业的精神一脉相承，与"六稳六保""共同富裕"等主题相契合，中央经济工作会议、"十四五"规划均对服务中小企业创新发展作出了重要部署。

因此，从宏观视角看，北交所既契合我国经济转型的战略方向，又具有培育"专精特新"的现实需求，办好高质量北交所是众望所归，人心所向！

北交所提高了新三板站位，将解决其长期发展的问题，引导新三板构建独特的、可持续的良性生态环境。

诚然，北交所的制度框架脱胎于精选层，应该说两者的差异性确实不大。2019年10月份开始的精选层改革，已经把"公开发行""连续竞价""投资者适当性管理""转板上市制度"等一篮子制度推向市场。目前公布的北交所基本制度与精选层的对比见表1。

表1　　　　　　　精选层与北交所基本制度对比

	精选层	北交所
上市资格	新三板挂牌满一年的创新层企业	不变
发行门槛	四套标准：（1）净利润＋ROE标准，市值2亿元以上；（2）营收规模＋营收增速＋现金流标准，市值4亿元以上；（3）营收规模＋研发投入占比，市值8亿元以上；（4）研发投入规模，市值15亿元以上	不变
交易制度	连续竞价，涨跌30%	不变
适当性管理	个人/法人：10个交易日日均资产100万元＋2年投资经验；金融产品：无要求	个人：20个交易日日均资产50万元＋2年投资经验；法人＆金融产品：无要求
限售＆减持制度	（1）发行前持股10%以上、大股东与实控人锁定12个月；（2）一般战略配售锁定6个月，员工持股战略配售锁定12个月；（3）控股股东、实际控制人、董监高减持前15个交易日预披露	（1）新增董、监、高锁定12个月；（2）新增未盈利时，大股东和董监高2年内不得减持；（3）新增3个月内拟减持超过1%的，提前30个交易日预披露

	精选层	北交所
申报时限	（1）2 个交易日内作出是否受理决定，补正时间不长于 30 个交易日；（2）20 个工作日发出首轮问询，保荐人 20 个交易日内提交回复；（3）受理后 2 个月内作出自律监管意见或终止审查决定；（4）财务报表有效期"6＋1"个月	（1）5 个工作日内作出是否受理决定，补正时间不长于 30 个工作日；（2）20 个工作日发出首轮问询，保荐人 20 个工作日内提交回复；（3）受理后 2 个月内作出审核意见，新增发行人回复问询总计不超过 3 个月；（4）新增财务报表有效期"6＋3"个月
与证监会衔接	全国股转公司自律审查通过后，报证监会核准	北交所审核通过后，报证监会注册（无实质变化）

资料来源：根据全国中小企业股份转让系统相关信息整理。

既然北交所与精选层的制度差异不大，那凭什么北交所能对新三板有实质性的改善呢？

确实，精选层改革后，新三板的长期发展仍然面临着不小的挑战。2021 年精选层股票整体表现确实不错，66 家精选层挂牌公司 2021 年仅 2 家下跌，所有精选层公司前 9 个月的平均涨幅高达 89.5%，但这里面仍然有几个隐忧。一是流动性不足的问题。在北交所未官宣的 8 月份，去除上市不足 1

个月的新股后，精选层的日均交易金额的中位数为 280 万元，平均换手率不足 1%。二是 5 月之后的行情主要靠转板预期驱动。如果投资者只追逐转板公司，精选层就只是个跳板市场，那流动性培育和对优质公司的吸引力就无从谈起。三是精选层流动性的差强人意，没有带动新三板整体吸引力扭转，2021 年 1 ~ 9 月，新三板仅新增挂牌 64 家，而摘牌数高达999 家。[1]

而扭转局面的关键因素在于流动性。一是定位问题，导致大量机构投资者无法入场。精选层定位于"非上市公众公司"，使得存量公募基金、社保、保险等机构投资者参与困难，造成精选层与沪深交易所形成市场分割，仅通过"转板上市"一条狭窄的通道连接起来。而这次改革，其要点正是将精选层提升至北交所，与沪深交易所性质一样，这样很多机构投资者入场的问题就能迎刃而解。二是投资者门槛仍然较高的问题，导致活跃的交易者相对有限。本次改革，将北交所投资者门槛设立为 50 万元，与科创板齐平，能大大提升投资者数量，增强市场流动性。

因此，设立北交所的真正影响是，其真正打通了新三板

---

[1] 资料来源：全国中小企业股份转让系统。

和沪深交易所市场，使得两个分割市场成为统一市场，这样优质公司的定价就会趋同，从而大幅提升创新层头部公司进入北交所的意愿，进而形成优质公司进入北交所与投资人投资北交所的双面正向循环。最后推动创新型中小企业进入新三板培育孵化，形成良性生态系统。

当然，我们并不期待市场马上能产生这样的"化学反应"。因为企业申报进入北交所需要时间，而投资者的预期已经先行。新三板市场的成交量快速放大已经说明了问题，未来市场可能会有起伏，但从长远视角看，北交所带来的良性循环将对新三板产生深远影响。

北交所是中国创新型中小企业加速成长平台

■ 诸海滨

自 2021 年 9 月 2 日习近平主席在中国国际服务贸易交易会全球服务贸易峰会上宣布为继续支持中小企业创新发展，深化新三板改革，设立北京证券交易所，打造服务创新型中小企业主阵地以来，北交所的建设进程推进迅速。

一、北交所是中国多层次资本市场的重要组成部分

（一）北交所建设加速推进

北交所设立后，精选层挂牌公司将全部转为北交所上市公

司。北交所将总体平移新三板精选层上市、交易、转板、退市等基础制度，坚持合适的投资者适当性要求，形成契合中小企业特点的差异化安排（见表1当前北交所重要事件时点）。

表 1　　　　　　　当前北交所重要事件时点

时间	事件
2021/9/2	宣布为继续支持中小企业创新发展，深化新三板改革，设立北京证券交易所，打造服务创新型中小企业主阵地
2021/9/3	北京证券交易所有限责任公司注册成立，注册资本 10 亿元，登记机关为北京市市场监督管理局
2021/9/5	构成北交所基本业务规则的《上市规则（试行）》《交易规则（试行）》《会员管理规则（试行）》正式向社会征求意见
2021/9/10	北交所发布《北京证券交易所向不特定合格投资者公开发行股票并上市审核规则（试行）》《北京证券交易所上市公司证券发行上市审核规则（试行）》《北京证券交易所上市公司重大资产重组审核规则（试行）》，就落实公开发行注册制下的审核职责，对公开发行并上市、上市公司再融资、重大资产重组审核自律规则公开征求意见
2021/9/10	北京证券交易所官方网站上线试运行
2021/9/17	北交所发布《北京证券交易所投资者适当性管理办法（试行)》，其中第五条规定将个人投资者的准入门槛由申请开通权限前 20 个交易日证券账户和资金账户内的资产日均不低于人民币 100 万元降低至 50 万元

时间	事件
2021/9/17	股转公司发布关于修改《全国中小企业股份转让系统投资者适当性管理办法》的公告，拟将创新层准入门槛由申请权限开通前 10 个交易日资产日均人民币 150 万元以上降低至 100 万元以上；且前期已开通精选层交易权限的投资者，其交易权限范围将自动扩大到创新层股票，无须投资者另行申请

资料来源：全国股转公司，安信证券研究中心。

后续北交所上市公司，将从符合条件的创新层挂牌公司中产生。北交所新增公司来源于在新三板创新层挂牌满 12 个月的公司，维持新三板市场层层递进的结构，北交所将突出"专精特新"的特点，明确简便、包容、精准的发行条件。

从定位角度来看，北交所将承接在新三板市场成长壮大的挂牌企业，并向其提供更为高效的融资、交易服务，北交所将对新三板创新层、基础层形成示范引领的作用，提升资本市场对初创期企业的吸引力，形成良好的市场生态。另外，与沪深交易所相比，北交所的服务对象更早、更小、更新，同时将构建新三板基础层、创新层到北交所层层递进的市场结构。

北交所将与沪深交易所、区域性股权市场错位发展、互联互通，发挥好转板上市功能，畅通北交所在多层次资本市场中的纽带作用，形成各个市场层次相互补充、相互促进的中小企业直接融资成长路径（见图1）。

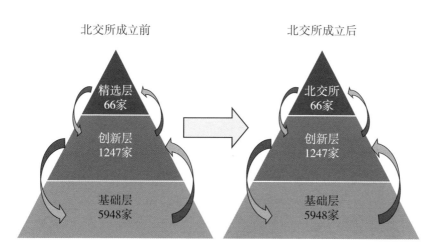

图1　北交所初期架构

资料来源：中国证监会，安信证券研究中心。

虽然北交所成立之初仍以前期精选层企业为主，但其性质已经从场外交易市场转变为交易所交易市场，挂牌公司转变为上市公司，考虑到其本身定位于服务中小企业，后续随着相关制度的进一步完善和改革的进一步推进，预期北交所会形成具有其特色的、与上交所和深交所存在差异化的制度。

（二） 回顾历史看我国多层次资本市场的建设

回顾我国资本市场的发展历史，自我国证券市场在 20 世纪 90 年代成立以来，市场的竞争环境、监管制度、市场需求等因素不断变化，证券交易所也顺势不断调整其上市发行制度、发行方式、交易制度及市场监管等。

1990 年 12 月 19 日，上海证券交易所开业。

1991 年 7 月 3 日，深圳证券交易所正式开业。

2009 年 10 月 30 日，筹备达 10 年之久的深交所创业板正式开板。

2012 年 9 月，全国中小企业股份转让系统正式注册成立，是继上海证券交易所、深圳证券交易所之后第三家内地全国性交易场所。

2019 年 6 月 13 日，上交所科创板正式开板。

2020 年 7 月 27 日，新三板精选层开板为大、中、小型优质公司进入公开市场融资提供多元化渠道。

随着市场覆盖面扩大，在短短十几年的时间里，我国证券市场高速成长，取得了瞩目的成就。上海证券交易所、深圳证券交易所、新三板市场内部分层，形成了多层次资本市场体系（见图2），市场竞争力也不断提高。

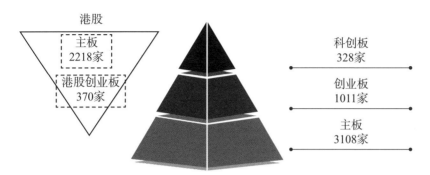

图2　我国多层次市场结构统计

资料来源：Choice，安信证券研究中心。

　　具体到新三板来看，新三板成立以来改革持续推进（见图3），随着精选层的设立，新三板市场焕发出新活力，企业、证券公司、投资者等各方获得感显著增强。

　　新三板市场对深化改革呈现积极反应。整体来看，市场深化改革比较平稳，精选层新设融资、交易制度体系有条不紊运行，市场各方获得感均有所改善，改革措施整体达到预期，我国多层次资本市场构建进一步完善。

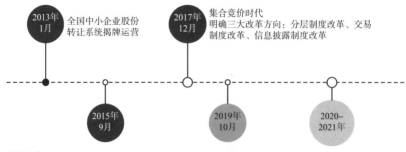

图3 新三板历史上的重要改革

资料来源：Wind，安信证券研究中心。

二、观美股市场发展历程，看多层次市场的作用

（一）美股发展历史复盘

纽约证券交易所（以下简称纽交所）历史悠久，可追溯到1792年的《梧桐树协议》，1934年向美国证券交易委员会注册为一家全国性证券交易所。纽交所一直是全球股市市值规模最大的交易所，其上市条件也较为严格，多关注大型公司及其盈利能力。

2007年4月，纽约证券交易所与泛欧证券交易所合并，形成了纽约—泛欧交易所集团，2013 年 11 月，洲际交易所完成了对纽约—泛欧交易所集团的收购。

截至 2020 年底，洲际交易所集团共有 5 家证券交易所，分别是 NYSE（原纽交所）、NYSE Arca（原群岛交易所）、NYSE American（原美国证券交易所）、NYSE Chicago（原芝加哥证券交易所）、NYSE National（原美国国家证券交易所）。

纽交所总市值规模居全球首位，以金融、消费等行业的众多蓝筹股上市的居多。如摩根大通以及强生等公司；近年来，纽交所通过内部改革以吸引科技公司如阿里巴巴等。2001 年，纽交所市值达到 11 万亿美元，占到全球股市总市值的 39%（见图 4）。

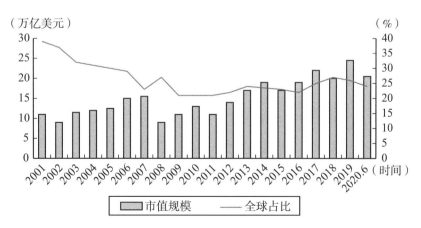

图 4　纽约证券交易所股市市值及全球占比

资料来源：WFE，安信证券研究中心。

纳斯达克方面，1971 年 2 月其正式启动，但当时纳斯达克并不是真正的交易所，既没有挂牌标准，也没有撮合交易功能，只是一个自动报价系统，承担收集和发布股票的证券商报价的工作。纳斯达克这种只要有做市商愿意做市即可参与交易的方式，成为无法满足纽交所上市条件的科技公司的"救命稻草"，为大量中小科技公司提供了新的融资希望。首批获益的公司就多达 2500 余家，次年年底，纳斯达克交易的股票量就已经接近全美交易量的 1/4，纳斯达克的交投活跃度快速提升，电子化交易模式的优势开始显现。1975 年，纳斯达克设置了挂牌公司的总资产、股本及资本公积、公众持股数、股东数及做市商数量要求的第一套上市标准，这标志着纳斯达克与 OTC 市场分离，成为了一个完全独立的上市场所，最终在 2006 年获得美国证券交易委员会批准正式成为美国股票交易所。

截至 2020 年 6 月底，纳斯达克拥有 4198 家上市公司，股票总市值为 16.2 万亿美元，股票成交额达 31.2 万亿美元，当年有 57 家新上市公司（见图 5）。世界交易所联合会（WFE）数据显示，纳斯达克股票总市值居全球第 2 位；成交额居全球第 1 位；IPO 筹资额居全球第 2 位。

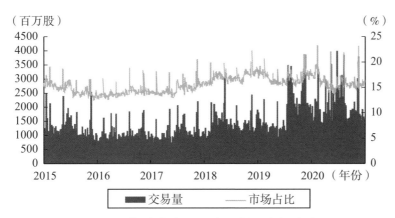

（百万股）　　　　　　　　　　　　　　　　　　　　（％）

图 5　纳斯达克交易所交易量及市场占比

资料来源：CBOE 官网，安信证券研究中心。

　　美国股票市场呈现高度集中的股票交易和高昂的交易费用的特征。截至 2020 年，美国共有 24 家全国性证券交易所，但洲际交易所（纽交所母公司 ICE）、纳斯达克和 CBOE 全球市场这三大集团分别控制了其中的 5 家、6 家、6 家交易所，三大交易所集团还控制了 30 个另类交易系统中的大部分渠道，日常成交额合计接近 2/3 的美国股票总成交额。

　　为加强竞争、提高透明度、降低固定成本、简化股票交易，并促进高效和透明的资本市场交易路径，2019 年初，美银美林等 9 家金融机构共同成立了会员交易所。会员交易所通过大幅让利促销来吸引交易活动，逐渐打破了美国资本市场传统交易所的垄断地位并占有了一定市场份额（见图6）。

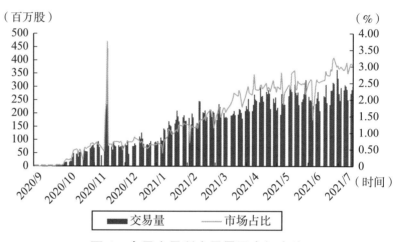

图6　会员交易所交易量及市场占比

资料来源：CBOE 官网，安信证券研究中心。

（二）交易所会带动所在城市发展

美国历史发展经验证明，证券交易所能为城市的发展带来资金、人才、技术、商业模式等各种利好，因而推动区域经济的发展。

证券交易所对地方经济的影响是显著的。从 2012～2019 年的 GDP 数据上来看，包揽了纽交所和纳斯达克两个市场的纽约市一直位居美国 GDP 首位；芝加哥凭借芝加哥证券交易

『颖』响力对话：从新三板到北交所

所、芝加哥商品交易所、芝加哥期货交易所和芝加哥期权交易所名列全美 GDP 城市第三；纽交所 Arca 的发源地旧金山、证券交易所的发源地费城也稳定保持在前十（见表2）。由此可见，证券交易所对地方经济有明显的带动作用。

表2　　　　　　　　2012～2018 年美国十大城市 GDP

单位：百万美元

排名	城市	2018 年	2017 年	2016 年	2015 年	2014 年	2013 年	2012 年
1	纽约	1772319	1698122	1634671	1577366	1511763	1439043	1401233
2	洛杉矶	1047661	995114	945600	912384	858170	820353	788081
3	芝加哥	689464	659855	641589	627033	599805	577948	561016
4	旧金山	548613	509382	469472	446344	413519	383254	364594
5	华盛顿	540684	515553	500084	481861	460254	448268	442224
6	达拉斯/沃斯堡	512509	482218	458973	442879	420929	394178	375065
7	休斯敦	478778	447521	430444	446486	430726	423766	404431
8	波士顿	463570	439144	421783	406675	381353	365670	357087
9	费城	444148	422539	416110	406605	388621	374787	364052
10	亚特兰大	397261	385542	369806	347604	326502	307750	291481

资料来源：Statista，安信证券研究中心。

美国主要的国家证券交易所集中在纽约，现存的地方性证券交易所主要分布在费城、芝加哥等。其过去的发展主要依靠地理位置的优势，港口、铁路、空运便利的东海岸线相对密集。这一点与中国证券交易所的分布不谋而合，目前我国有三家证券交易所，分别位于上海、深圳和香港，均位于交通便利的东南沿海。后续随着北交所的成立，或可在一定程度上解决南北经济发展差距问题。

（三）多层次资本市场有利于小微企业和"专精特新"企业精准融资

历史证明，美国纳斯达克证券交易所在吸引中小企业上市资源上优势明显，其内部设有全球精选市场（NASDAQ GS）、全球市场（NASDAQ GM）和资本市场（NASDAQ CM）三个市场板块以服务中小型创新企业。全球精选市场主要吸引大型优质企业类上市资源；全球市场主要服务中型企业；资本市场上市标准最低，主要服务小微型企业。根据 2021 年 8 月 19 日彭博数据，纳斯达克全球精选市场共 1518 家公司，占纳斯达克上市公司总量的 26%；全球市场共 3104 家公司，占纳斯达克上市公司总量的 53%；资本市场共 1269 家公司，占纳斯达克上市公司总量的 21%（见图 7）。

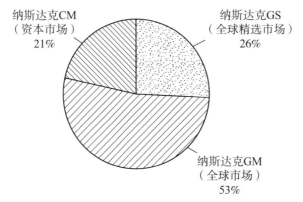

纳斯达克CM
（资本市场）
21%

纳斯达克GS
（全球精选市场）
26%

纳斯达克GM
（全球市场）
53%

图7　2021年8月19日纳斯达克各板块上市公司数量

资料来源：彭博数据，安信证券研究中心。

三、从三板公司构成看北交所如何加速创新型中小企业成长

（一）新三板立足于服务"专精特新"中小企业

新三板立足于服务中小企业，其上市/挂牌企业以"专精特新"中小企业为主。以企业规模相对最大的北交所为例，当前66家企业平均市值仅29.80亿元，其中约半数企业是市值小于15亿元的中小型企业（见图8）。

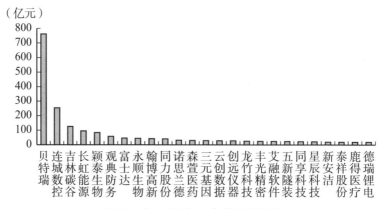

（亿元）

图8 北交所企业市值TOP25

资料来源：Wind，安信证券研究中心。

具体到"专精特新"层面，从行业角度来看，工业、信息技术、原材料为占比前三位的行业，分别有18家、16家和10家，占比分别为27.27%、24.24%和15.15%（见图9），占比较高的行业与"专精特新"小巨人企业行业分布基本一致。

具体到新三板整体来看，占比较高的行业主要为工业、信息技术、非日常生活消费品和原材料（见图10），行业占比同样与"专精特新"小巨人企业行业分布接近。新三板和北交所立足于服务"专精特新"中小企业定位明显。

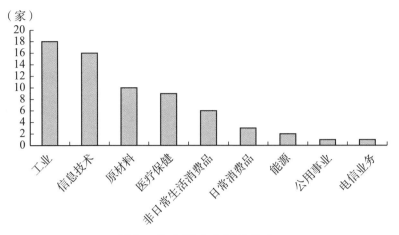

图9　北交所企业行业分布

资料来源：Wind，安信证券研究中心。

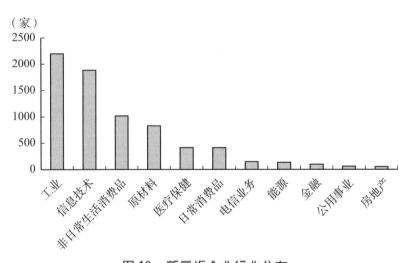

图10　新三板企业行业分布

资料来源：Wind，安信证券研究中心。

前期工信部发布了三批"专精特新"小巨人企业共计4922 家，其中来自新三板的企业有369 家，占比 7.49%，高于 A 股市场的292 家（见图11）。"专精特新"小巨人企业往往为特定细分行业的创新型成长企业，这与新三板的服务创新型中小企业的定位相符。

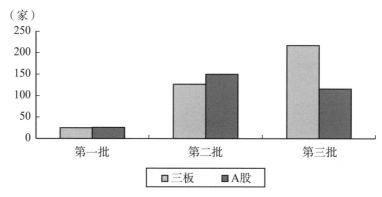

图 11　新三板和 A 股"专精特新"小巨人企业数目对比

资料来源：工信部，安信证券研究中心。

（二）新三板可帮助中小企业融资，加速企业成长

从融资角度来看，当前北交所（精选层）共66 家公司，共计首发融资153.24 亿元，每家企业平均融资1.47 亿元，占当前总市值2417.11 亿元的6.34%，体现出按需的、适度融资的特点（见图12）。

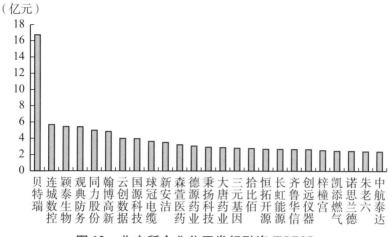

（亿元）

图 12　北交所企业公开发行融资 TOP25

资料来源：Wind，安信证券研究中心。

2021 年 5 月 14 日，证监会发布了《精选层挂牌公司股票发行特别规定》征求意见稿，首次提到再融资制度，精选层企业挂牌满 6 个月即可启动再融资，完善精选层融资最后一块拼图。随着再融资政策的完善，未来精选层企业的融资渠道进一步扩宽，新三板市场服务中小企业能力将继续增强。

具体到新三板创新层和基础层来看，自 2013 年股转公司揭牌以来，定向增发为新三板公司主要募资手段，截至 2021 年 10 月 8 日，新三板企业累计增发次数 7166 次，累计募集资金 2959 亿元（见图 13）。新三板为创新型中小企业提供了融资的渠道，在一定程度上加速了创新型中小企业的成长。

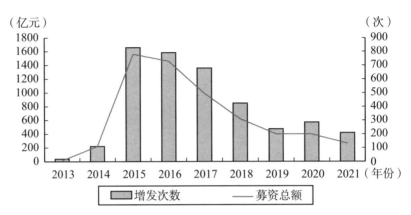

图 13　2013～2021 年新三板累计增发次数及募资总额

资料来源：Wind，安信证券研究中心。

中小企业融资可以加速企业成长，前期大量原新三板企业在 A 股市场公开发行并上市，三板挂牌期间的融资为其快速成长奠定了基础。截至 2021 年 7 月 2 日，原新三板企业在科创板公开发行并上市交易企业数量达 81 家，占科创板发行总量的 26.82%，2019 年、2020 年和 2021 年上市企业数量分别为 14 家、45 家和 22 家。

科创板主要包含信息技术、生物医药、高端装备制造、新材料、新能源、节能环保 6 项行业，根据目前已上市交易的 302 家企业分类，在来自新三板的 81 家企业中，信息技术、新材料、生物医药、高端装备制造占比居前，所属企业数量分别为 23 家、18 家、14 家和 13 家，占比分别为 28%、

22%、17%、15%；合计占比82%（见图14）。

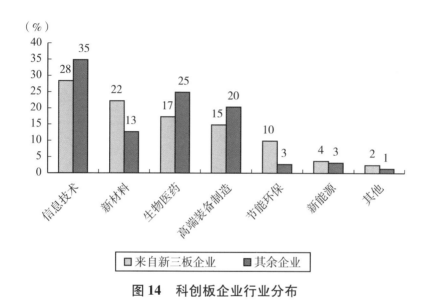

图14 科创板企业行业分布

资料来源：Wind，安信证券研究中心。

在非新三板的221家企业中，信息技术、生物医药、高端装备制造为占比前三行业，占比分别为34.84%、24.89%、20.36%，合计占比80.09%，与新三板企业的行业分布趋势整体类似。由此可见，信息技术、新材料、生物医药及高端装备制造企业之前大量在新三板上市，成为科创板重要的公司来源地。

新三板企业中含有两家特色科学研究与技术服务企业。

对于新三板企业而言，在行业"其他"分类中，含有 2 家特色的科学研究与技术服务企业：泰坦科技、阿拉丁。

科创板来自新三板企业投资收益接近 4 倍。根据截至 2021 年 7 月 2 日市值收益率（整体法，剔除零值），本批来自新三板企业市值涨幅全部为正，合计最新市值投资收益率达 393.15%，市值涨幅接近 4 倍；根据测算，来自新三板企业市值收益率较多集中在 200% ~ 500% 的区间，占比达 36.76%（见图 15），其中涨幅前五的企业在科创板上市后最新平均市值涨幅 6195.6%，头部企业中望软件市值收益率超 75 倍。

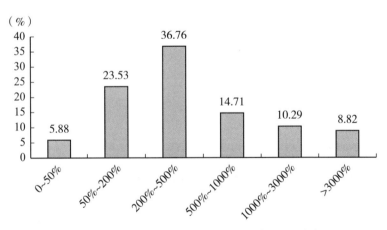

图 15　来自新三板企业市值收益率区间分布

资料来源：Wind，安信证券研究中心。

经统计，新三板转科创板上市的 81 家企业中，共有 64 家企业在新三板市场进行增发融资，占比达 79.01%；64 家企业累计增发募集资金达 134.08 亿元，平均每家募集资金 2.10 亿元；累计募集资金占这批企业摘牌前总市值的 10.90%；募集资金排名前五位企业为君实生物、西部超导、亿华通、诺泰生物、山大地纬（见表 3）。

我们认为，八成来自新三板的企业在新三板挂牌期间即进行了部分融资，募集资金用于募投项目或补充流动资金；在科创板上市后，企业前期募投项目效益释放，体现出基本面转好的效应。以奥特维和君实生物为例，奥特维募资额度占新三板退市前市值的 90%，科创板上市后市值成长 6484%；君实生物在三板期间累计募资 18.08 亿元，支撑公司后续研发开支。

四、北交所为新三板市场带来新气象

自 2021 年 9 月 2 日北交所宣布成立以来，精选层市场热情得到显著提升。截至 2021 年 10 月 8 日，66 家精选层企业平均涨幅达到 37.96%，61 家企业股价出现上涨，且有 23 家企业

表 3　新三板挂牌期间增发募集资金 TOP20

代码	公司名称	终止挂牌日期	累计增发募集资金金额（亿元）	摘牌日总市值（亿元）	增发募资占总市值比（%）	所属行业
833330.NQ	君实生物	2020/05/08	18.08	212.96	8.49	生物医药
831628.NQ	西部超导	2019/07/02	10.75	47.29	22.73	新材料
834613.NQ	亿华通	2020/06/18	7.88	38.59	20.43	节能环保
835572.NQ	诺泰生物	2021/02/25	7.02	33.58	20.92	生物医药
831688.NQ	山大地纬	2020/06/23	5.27	41.80	12.61	信息技术
834360.NQ	天智航	2019/04/01	4.00	39.54	10.12	生物医药
833684.NQ	联赢激光	2020/04/13	3.90	22.33	17.47	高端装备制造
833309.NQ	慧辰资讯	2017/12/29	3.45	13.89	24.81	信息技术
430141.NQ	久日新材	2019/10/15	3.27	19.93	16.41	新材料
830777.NQ	金达莱	2020/09/01	3.11	50.16	6.19	新材料
839162.NQ	长阳科技	2018/02/08	3.09	14.41	21.43	新材料
839097.NQ	泽达易盛	2019/07/25	2.99	—	—	信息技术

代码	公司名称	终止挂牌日期	累计增发募集资金金额（亿元）	摘牌日总市值（亿元）	增发募资占总市值比（%）	所属行业
831697. NQ	海优新材	2020/11/11	2.63	10.52	24.95	新材料
835124. NQ	泰坦科技	2020/08/31	2.62	22.87	11.47	科学研究与技术服务
833474. NQ	利扬芯片	2020/09/23	2.56	16.45	15.59	信息技术
835870. NQ	紫晶存储	2018/07/18	2.43	8.97	27.13	信息技术
839734. NQ	福立旺	2019/08/13	2.36	12.87	18.33	高端装备制造
834839. NQ	之江生物	2020/11/17	2.30	32.20	7.14	生物医药
834778. NQ	通源环境	2017/08/18	2.30	—	—	节能环保
430581. NQ	八亿时空	2019/11/29	2.27	19.54	11.61	新材料

资料来源：Wind，安信证券研究中心。

涨幅超 50%（见图 16）。

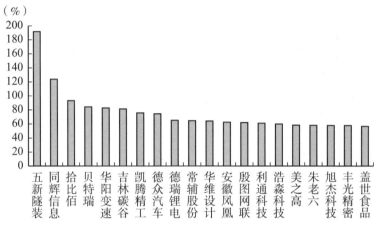

图16 北交所宣布成立以来精选层公司涨幅TOP20

资料来源：Wind，安信证券研究中心。

北交所的成立同样带动了创新层和基础层挂牌企业的热情，自 2021 年 9 月 2 日以来，美亚药业、易法通、新五心、吉星吉达、远古信息和玉兰光电 6 家企业撤回了在全国中小企业股份转让系统终止挂牌的申请；且另有开特股份和凯雪冷链 2 家企业放弃 A 股 IPO 计划转为在北交所上市公开发行。

整体而言，北交所的成立是新三板深化改革的重要一步，其出现代表了新三板深化改革迎来了一个新的阶段，对加速创新型中小企业成长、提振新三板市场情绪、提高投资者热情、提升公司积极性起到了积极作用，也可看作新三板新的征程和起点。

▲ 丰电科技总部大楼

▼ 丰电科技总部

丰电科技集团股份有限公司
白俊钢 /创始人 董事长

▲ 专访丰电科技董事长白俊钢

▼ 丰电金凯威压缩机有限公司总经理周明带领主持人在
工厂车间讲解介绍

精选新三板
备战北交所

▲ 丰电科技工厂车间

▲ 丰电科技工厂车间

▲ 丰电科技总部大厅

▼ 丰电科技总部工作人员合影

▲ 中科国信北京总部大楼

▲ 专访中科国信董事长李涛

▼ 专访中科国信董事长李涛

▲ 中科国信研发生产车间

▼ 中科国信研发部

北京中讯四方科技股份有限公司
董启明 / 董事长 创始人

▲ 专访中讯四方董事长董启明

▼ 专访中讯四方创始人张敬钧

北京中讯四方科技股份有限公司
张敬钧 / 创始人

备战北交所
精选新三板

▲ 中讯四方荣誉展示

▼ 中讯四方研发生产车间

▲ 专访特思达董事长徐勇

▼ 专访特思达董事长徐勇

◀ 特思达高管培训

▼ 与特思达部分员工合影

新励成教育科技股份有限公司
Xinlicheng Education Technology Co., Ltd.

▲ 新励成北京国贸校区

▶ 专访新励成
董事长赵璧

◀ 采访新励成董秘
吴美玲

▼ 新励成集体合影

从新三板到
北交所的企业
成长之道

「颖」响力对话：

从新三板到北交所

我国现有 4000 多万家企业，其中 95% 以上是中小企业，在吸纳就业、促进经济增长方面，中小企业作出很大贡献。中小企业创业创新十分活跃，专业化水平持续提升，已培育 4 万多家"专精特新"企业、4700 多家"专精特新"小巨人企业、近 600 家制造业单项冠军企业。

——摘自工业和信息化部部长肖亚庆 2021 年 3 月 8 日在十三届全国人大四次会议上的讲话

当今世界正经历百年未有之大变局，中国经济也在转向高质量发展阶段，在这样的大背景下，中国企业的创新成长能力及成长环境也在发生着巨变。

2021 年度的高频热词中，"专精特新"一定占据一席之地，但若追根溯源，其实"专精特新"不是新词汇，这个概念早在 2012 年前后就已经提出。尽管用词一样，"专精特新"

的内涵，在过去几年其实发生了重大的变化。这些变化，反映了相关部门对于"专精特新"不断迭代的理解。

2012年4月26日，国务院发布《关于进一步支持小型微型企业健康发展的意见》，首次提出，"鼓励小型微型企业发展现代服务业、战略性新兴产业、现代农业和文化产业，走'专精特新'和与大企业协作配套发展的道路，加快从要素驱动向创新驱动的转变"。

2013年6月26日，工业和信息化部在上海召开座谈会，对11个省市促进中小企业"专精特新"发展工作进行调研。进一步落实《工业和信息化部关于促进中小企业"专精特新"发展的指导意见》，加大促进中小企业"专精特新"发展的工作力度，交流经验，听取建议。

2013年7月16日，工业和信息化部发布《工业和信息化部关于促进中小企业"专精特新"发展的指导意见》，明确提出促进"专精特新"中小企业的总体思路、重点任务及推进措施。

到了2018年的第一批"专精特新"小巨人企业，着眼点明显不同。根据工信部的文件，培育"专精特新"小巨人企业，国家的目标是促进创新能力、国际市场开拓、经营管理水平、智能转型等方面得到提升发展。

"专精特新"中小企业是指具有"专业化、精细化、特色化、新颖化"特征的中小企业。"小巨人"则是其中的佼佼者，以补短板、填空白、解决"卡脖子"为主，在此特别整理了"专精特新"的具体含义，供大家比照参考：

"专"，即专业化，是指采用专项技术或工艺通过专业化生产制造的专用性强、专业特点明显、市场专业性强的产品，其主要特征是产品用途的专门性、生产工艺的专业性、技术的专有性和产品在细分市场中具有专业化发展优势。

"精"，即精细化，是指采用先进适用技术或工艺，按照精益求精的理念，建立精细高效的管理制度和流程，通过精细化管理，精心设计生产的精良产品，其主要特征是产品的精致性、工艺技术的精深性和企业的精细化管理。

"特"，即特色化，是指采用独特的工艺、技术、配方或特殊原料研制生产的，具有地域特点或具有特殊功能的产品，其主要特征是产品或服务的特色化。

"新"，即新颖化，是指依靠自主创新、转化科技成果、联合创新或引进消化吸收再创新方式研制生产的，具有自主知识产权的高新技术产品，其主要特征是产品（技术）的创新性、先进性，具有较高的技术含量，较高的附加值和显著的经济、社会效益。

近期，工信部等六部门联合印发的《关于加快培育发展制造业优质企业的指导意见》中提出，力争到 2025 年，梯度培育格局基本成型，发展形成万家"小巨人"企业、千家单项冠军企业和一大批领航企业。

说到北交所，为什么它被定义为中国创新型中小企业加速成长的平台？这要从北交所与新三板、沪深交易所的关系来看，新三板上接沪深交易所、下连区域股权市场，已成为多层次资本市场的中间枢纽，目前科创板主要侧重具备"硬科技"特色的科技创新型企业；创业板聚焦新技术、新产业、新业态、新模式与传统产业的结合；北交所定位于服务创新型中小企业，以现有的新三板精选层为基础，与新三板现有的创新层、基础层统筹协调，制度联动，保持新三板基础层、创新层与北交所层层递进的市场结构，三个板块形成错位竞争、相互补充的格局，维护资本市场结构平衡。

也就是说，北交所将真正发挥在多层次资本市场的纽带作用，并培育一批"专精特新"中小企业，成为中国创新型中小企业加速成长的平台。

根据全国股转公司公布的数据进行梳理，截至 2021 年 9 月 1 日，新三板挂牌公司 7304 家。从所属分层来看，精选层 66 家、创新层 1250 家、基础层 5988 家。自 2018 年"专精特新"小巨人企业培育行动启动以来，已有累计约 783 家"小巨人"企业在（或曾在）新三板挂牌。

　　至此，讲了这么多理论和定义，究竟新三板、北交所对于企业来说意味着什么？这些企业家在新三板市场奋战这么多年经历了什么？北交所成立后，他们又要怎样把握这一历史性的机遇。本书优选了一些参与录制过《聚焦新三板》《备战北交所》节目的"专精特新"小巨人企业，以及在细分领域方面极具代表性的企业，听他们讲述自己的故事……

小企业　大品牌

——从中小企业走向上市公司之路

"小企业　大品牌"，看到这句话，不知道有多少企业会有共鸣抑或异议，往往说到品牌二字，很多中小企业感到与之无缘，认为品牌和宣传这些东西似乎是大企业、大集团的专利。而为新三板及广大中小企业做宣传服务，是我从 2013 年就决心要做下去的一件事。为什么？因为市场存在，更因为企业需要。

前文中提到过在 2013 年筹备创立《聚焦新三板》时，是当时市场中第一档专题报道新三板的节目。到了 2016 年全国中小企业股份转让系统，也就是新三板市场，挂牌公司超过了 1 万家，新三板已成为全球首个过万家挂牌企业的证券交易场所。要知道，那时的沪深交易所经过 20 多年的发展，上市公司数量仅 3000 多家，而新三板实现这一数量仅仅用了两年多时间。在如此密集的市场中，别说了解了，三板企业若想脱颖而出，让投资人看到自己都是相当困难的，那时我们经常笑谈的一句话就是：酒香也怕巷子深。

市场火热的时候，投资人有时不看企业内核争相抢夺份额，市场冷清的时候，挂牌企业泥沙俱下不乏被错杀，这样的场景在信息不对称的市场当中比比皆是。究其原因，一方面，当时的流动性不足、投资门槛高；另一方面，企业质量良莠不齐、投资者信息不对称、价值研究挖掘不足。解决这一问题，媒体有着天然的优势，我们是市场的见证者、记录者，更是桥梁和纽带，一定能发挥舆论引导、打造平台、价值发现的作用。

虽然新三板万家浪潮早已退去，截至 2021 年 10 月 5 日挂牌总数 7255 家，精选层企业 66 家，创新层企业 1247 家，基础层企业 5942 家，但要想在其中脱颖而出，也需要我们这样的"价值发现者"。

本书接下来的内容从我的节目访谈录中精选而来，分别对话五位北交所及新三板市场中极具行业代表性的领军人，从氢能新能源、卫星通信、国产特种芯片、触屏科技、软实力教育等领域来解析具备"专精特新"小巨人特质的成长企业。他们作为中国创新型中小企业的一部分代表，也承载着我国经济发展的重要历史使命！

——李颖《精选新三板》制片人/主持人

丰电科技（430211）：
助力双碳目标，实现绿色智造

　　低碳、碳达峰、碳中和在眼下都是时髦的高频词汇，也成为很多人蹭热度的必备，但如果我告诉你，"致力低碳生活"这句话在十几年前就被一家企业定义为其发展使命，你相信吗？在实现双碳目标的道路上，氢能扮演什么样的角色？压缩机又起到怎样的低碳作用呢？带着这些好奇和疑问，我们摄制组走进了坐落于北京市通州区金桥科技产业基地的丰电科技，一探究竟。

——李颖《精选新三板》制片人/主持人

背景介绍：丰电科技（430211）成立于1997年，是专注于压缩机及工业节能系统的综合服务商，面向各行业、各领域提供压缩机和工业节能系统的全面解决方案，以及可再生能源综合利用解决方案。

【导语】自人类开展大规模工业活动以来，伴随着能源消耗温室气体大量排放造成的全球变暖，大力推进能源结构转型，提升非化石能源在一次能源消费中的占比，力求实现零排放已成为全球各国的一致行动。国际能源转型一直沿着从高碳到低碳、从低密度到高密度的路径进行，而被誉为21世纪的终极能源的氢气，是目前公认的最为理想的能量载体和清洁能源提供者。绿色氢能将是实现碳达峰碳中和目标的切实可行路径之一。

【主持人/制片人】李颖：2019年两会期间，氢能被首次写进《政府工作报告》，全国各地掀起了氢能发展热潮。随后，燃料电池汽车示范应用政策的发布、新能源汽车产业发展规划（2021～2035）的发布以及"双碳"目标的设定，均为氢能产业及氢燃料电池汽车的发展注入动力。还有一种说法，氢能源可能会成为未来新能源的终极选择。您觉得未来氢能在整个中国的能源格局里面到底处于什么位置?

【采访】白俊钢　丰电科技集团股份有限公司　董事长/创始人

之前我们大家理解起来,氢能的发展是不是氢燃料电池汽车替代锂电动汽车,日本丰田代表着什么?不是。实际上氢能的应用我们不能局限在只看汽车,甚至说再大一点的交通,氢能未来在整个中国的能源格局里面,首先它是二次能源,现在大家更关注的是什么呢?一个是储能,氢作为能源的载体,比如说光伏发电和风力发电,新能源发电现在成本已经降得很低了,跟火电竞争完全没问题,但它最大的短板是什么?波动性太大了,不连续,所以我们叫它间歇性能源。这个间歇性能源很麻烦,因为电网是需要连续性的。间歇性能源,一个是上了电网不稳定,还有一个是浪费。高峰之后发了,上电网上不了那么多,怎么办?就要把这个能源削峰填谷,所以储能的需求就提上来了,储能是因为这个原因,有供给侧调峰,有需求侧调峰,需要发电方和需电方两侧都有调峰。储能领域,未来大家最看好的是电解水制氢,氢再变成能源的载体,气体输氢或液氢输氢,把它运到合适的地方。

【解说】安信证券研究中心总经理助理诸海滨分析指出，未来在 2030 年碳达峰和 2060 年碳中和的目标约束下，氢能凭借其来源广泛、清洁低碳、能量密度高，便于储运等诸多优点，必将在我国乃至全球的能源结构调整中，发挥举足轻重的作用，产业应用前景广阔。

【主持人/制片人】李颖：氢能源的应用场景除了我们熟悉的氢能源汽车这类外，还有哪些？

【采访】白俊钢　丰电科技集团股份有限公司　董事长/创始人

汽车以外的很多应用场景有需求，比如现在的船舶，但船舶用的时候也作动力用，但它不用燃料电池，用氢内燃机。现在内燃机有天然气内燃机，原来有柴油内燃机，但天然气也不是终极方案，天然气也是化石能源，那么氢内燃机替代传统的内燃机、柴油内燃机，甚至天然气内燃机，还有重卡、环卫、物流，这些大车未来可能用氢内燃机。

【解说】储氢、运氢等关键环节，却离不开一个核心部分那就是压缩机。

【主持人/制片人】李颖：氢内燃机及储氢运氢这些环节中都要用到压缩机，压缩机我们并不陌生，但工业上用的压缩机和我们日常的是不是有很大不同？

【采访】白俊钢 丰电科技集团股份有限公司 董事长/创始人

工业压缩机我们把它分成两类，一类是压缩空气的，一类是压缩非空气的，我们叫工艺气体压缩机。这两类压缩机用途都非常广泛，都是给工业工厂用的。

【采访】田其宇 丰电科技集团股份有限公司 董事/流体系统事业部 CEO

压缩空气系统，是整个工业领域里水电气三个能源之一，所以压缩机的节能，它的能耗对整个工业能耗是至关重要的。

【解说】工业压缩机产品广泛应用于新能源，包括氢能、太阳能、多晶硅、核电、军工、特种气体、芯片、半导体石化等行业，其中氢气产业应用前景广阔。2030 年碳达峰和 2060 年碳中和这一双碳目标的提出，展现了我国应对气候变化的坚定决心。在全球节能环保的发展趋势和我国低碳经济的时代背景下，随着中国工业迅速崛起，特别是对能源化工等基础工业领域的持续大规模投资，石油炼化、煤化工等传统领域投资，仍将为工艺气体压缩机提供稳定增长的市场需求。而清洁能源、节能环保等新兴市场的迅速崛起，将为工艺气体压缩机提供巨大的增量市场空间。

【主持人/制片人】李颖：今年两会碳达峰碳中和的概念已经写到了提案当中，所以大家都特别关注，从丰电科技这样的公司来说，能为碳达峰碳中和做些什么？

【采访】白俊钢　丰电科技集团股份有限公司　董事长/创始人

实际上双碳目标对我们企业来讲面临着什么？一个百万亿级的市场，从我们成立之初，我们也在想能为社会做点什么，或者说我们的价值是什么。双碳提出之前，我们十几年前定的使命是致力低碳生活，做节能节电的事情，现在实际上它达到了一个节碳的作用，做了一些积累，也就是今天我们发展的一个基础。氢能压缩机领域，应该说我们是国内少数能生产从制氢、充氢到加氢各环节压缩机的全产业链制造商，在这个领域我们能做些事，对双碳目标也是一个很好的支持路径。

【主持人/制片人】李颖：为什么丰电那么早就选择压缩机这一细分领域的赛道？

【采访】田其宇　丰电科技集团股份有限公司　董事/流体系统事业部 CEO

丰电科技定位就是给整个压缩空气系统进行优化、设计、节能，确保咱们压缩空气系统在整个工业中它的能耗最低。在生产过程中，既然是能源，它的安全可靠性就是生产的一个根本保障。压缩空气系统出了问题，在某些领域给企业带来的损失是不可估量的。因此，丰电科技立足于多年的经验积累，总结出一套包括从设计施工到运维整体的系统理论，它是偏重于应用科学的一个系统性的体系，这也是丰电科技一直致力于压缩机作为工业节能的一个根本。

【解说】随着我国经济的快速发展，尤其是工业化水平的不断提升，对空气压缩机行业的发展起到了很大的促进作用。丰电科技依托20多年在压缩机行业的专注和积累，目前拥有客户超过2000多家，遍布各个生产行业，覆盖电子、半导体、芯片、新能源、航天、航空、军工、汽车、医药、机械制造等主要领域，并为众多著名企业和国家重点工程提供过产品和服务。作为丰电科技集团的掌舵人，白俊钢对于企业发展有着独到的理念。

【主持人/制片人】李颖：低碳发展您从十几年前就倡导，当时没有想到在如今会被提高到国家战略的层面吧？

【采访】白俊钢　丰电科技集团股份有限公司　董事长/

丰电科技是一个很小的企业，但是我们做的这点事儿，刚好是在大的领域之内，所以虽然小，但是它具备了一点意义。很多国际的行业顶级公司，它们做一代产品，可能储备一两代产品，然后研发一两代产品，等竞争对手追上，就大幅度降价而推出新产品。现在它们这种能力已经大大地降低，而我们中国的企业这种能力在提升。现在在我们压缩机上也是这样做的，我们现在有一代产品在销售，但是还有一代产品储备，还有一代产品在研发，我们也形成了这个梯次，这样我们就大有可为。这件事做好了，对我们来讲，那就不是企业发展到什么程度的问题、上不上市的问题，远比这个大。

【解说】国内与国际先进水平间的差距越来越小。目前，国内产品在不断提升质量水平的同时，还在向特大型化、集成化、智能化等方向发展。随着我国工业整体水平的不断提高，综合实力的增强，我国压缩机行业将持续快速发展，不断接近甚至超越国际先进水平。丰电科技作为这一领域的领军企业，生产工厂究竟是怎样的？为此，栏目组也进行了实地探访。

【采访】周明　丰电金凯威（苏州）压缩机有限公司

总经理

在咱们这里可以看到很多应用的场景，比如制氢、储氢、加氢，氟化工行业，光伏产业中的多晶硅行业以及活塞式的压缩机，未来它的应用场景将更加广泛。

【主持人/制片人】李颖

隔膜式的压缩机比活塞式的压缩机有很多优势。那应用场景有什么不同呢？

【采访】周明　丰电金凯威（苏州）压缩机有限公司总经理

隔膜压缩机，更多的是应用于高压、高纯这些气体，而且这些气体绝对不能够泄漏。比如在核电站，有核废气，一般可能有固液气三态，废气不能排放怎么办？就需要用隔膜压缩机把体积压缩小了以后，放到瓶子里头，然后储存也好，或者将来再去进行处理也好，所以在那个场景当中可能更多的就要用隔膜压缩机，而不能用活塞式的压缩机，这就是场景的不一样。活塞式压缩机相对来讲排气量能更大，但是它的压缩比没有隔膜压缩机高，跟隔膜压缩机进行对比，还会有一个泄漏的问题，不管是多还是少，理论上多少是有一些泄漏，但是隔膜压缩机是绝对不允许有泄漏的。

【主持人/制片人】李颖：所以这两者之间关系并不是谁会取代和替代谁，它们是各自有各自的场景和应用领域？

【采访】周明　丰电金凯威（苏州）压缩机有限公司总经理

它实际是各有各自的应用领域。目前来看，在氢能使用过程当中，它需要有制氢、储氢、加氢这三个过程。这三种压缩机我们都能够制造，这台机器是将来给加氢站专门提供的45Mpa压缩机，那么每天应该是加1000kg这个氢气，我们现在正在研发的是90Mpa压缩机，也就是要比现有的压力还要再高一倍，这个压缩机未来可以为中国碳中和碳减排做出巨大贡献。

【主持人/制片人】李颖：随着以后氢能应用得越来越广泛，场景越来越多，要用到这样的压缩机的场景也会越来越多吧？

【采访】周明　丰电金凯威（苏州）压缩机有限公司总经理

没错。

【解说】双碳目标将加速制造业产业链的转型升级，丰电科技顺势而为，紧随制造业的发展步伐。根据市场及客户的需求，不但在硬件产品上做到了行业领先，同时在软件开发以及系统管理上更是屈指可数，真正成为了工业节能系统和可再生能源领域的综合服务商。

【主持人/制片人】李颖：工业节能系统综合服务商是能源托管的意思吗？请给我们讲讲这个模式。

【采访】冯涛　丰电科技集团股份有限公司　工业节能事业部 CEO

能源托管的形式，从前期的设计、投资、建设、运营，全部是由我们丰电科技集团来实施服务的。软件系统是一个非常重要的核心，不单单是一个监测，还有一个控制，这个可能区别于我们现在经常听到的一些监控系统，我们为什么叫能源管控系统？就是它除了监测，还有一个控制，这个控制是为了保障我们所有设备的运行，第一安全最重要，因为我们为工业企业提供服务，安全是一个首要的问题，那么怎么去保障安全？我们通过每一秒钟刷新一次的数据的采集，可以形成大量的数据的积累；软件本身带了很多的第一算法，还有一系列预测控制功能，通过这些叠加可以预测我们生产过程中所有的波动，因为压缩空气的使用它不是一个恒定的状态，它是一个波动用气，这种波动用气需要不断地改变你的设备组合，或者是你的设备本身的这种调节模式的设置，我们通过这个系统可以充分地实现所有的功能，保障安全的同时，还可以做到实时的负载匹配，做到一个近似理想化的运行能效。

【主持人/制片人】李颖：有没有什么目标或理念，是公司从 1997 年到现在一直在坚守的？

【采访】白俊钢　丰电科技集团股份有限公司　董事长/创始人

有一个坚持的理念一直到现在我们也没变过，就是始终关注合作伙伴的利益。我们越来越发现客户需要的不只是一个设备，客户需要的是一整套一揽子的解决方案，客户的需求是综合的，所以我们作为一个服务商，需要考虑如何给客户提供综合的高质量解决方案，当然这里面包含了高质量的设备，客户对我们的肯定是给我们的最大鼓励。

【采访】冯涛　丰电科技集团股份有限公司　工业节能事业部 CEO

能源托管的服务期年限会更长久，能更好地为客户提供动力能源介质的服务，是客户最希望看到的也是最需要的。

【解说】丰电科技集团股份有限公司作为国家高新技术

企业，中关村高新技术企业，中关村百家最具发展潜力信用企业，2013 年挂牌新三板创新层企业，2017 年入选了福布斯中国潜力企业榜。与此同时，丰电科技入围北京市 2021 年度第 4 批"专精特新"中小企业名单，这样一家细分领域的翘楚，自然也受到了资本市场的关注与青睐。

【主持人/制片人】李颖：丰电科技发展至今，您觉得资本在其发展中的赋能有多大？

【采访】白俊钢　丰电科技集团股份有限公司　董事长/创始人

科技创新是我们的硬核科技，随着企业发展，我们也坚信金融特别能带来其他一些资源，产业资本对企业的发展是非常重要，也是非常有帮助的。

【主持人/制片人】李颖：作为公司的创始人，您如何定义丰电科技？

【采访】白俊钢　丰电科技集团股份有限公司　董事长/创始人

在细分领域我们非常有条件成为不仅是国内，可能国际上也是最好的企业，做出最好的产品，成为工业压缩机领域最专业的服务商，这既是我们的愿景，也是我们的目标。

【解说】丰电科技未来为企业提供压缩空气综合节能减排解决方案，引领压缩空气系统节能减排，助力碳达峰碳中和，为国家重大装备领域提供支持，为军工、核电及新能源等产业的高质量发展，特别是氢能压缩机领域的进口替代作出贡献，解决细分领域卡脖子问题。通过高研发投入和产业并购整合两条腿，驱动公司实现高质量发展。我国双碳目标的核心在于促进制造业行业绿色全要素生产率的提升。丰电科技作为行业细分领域的领军企业，必将为我国实现双碳目标贡献出自己的一份力量！

丰电科技（430211）：白俊钢

丰电科技助力低碳生活

自从习主席 9 月 2 日宣布设立北交所以来，已有很多方方面面的相关报道和讨论。一石激起千层浪，因其重要性如何解读都不为过，特别是对于中小企业而言！

从新三板到多层次资本市场，从区域发展平衡到支持专精特新中小企业发展，甚至到补链、强链、延链、共同富裕等，诸多广泛分析其战略意义，感觉都有道理。

而作为一个中小企业、一个工业节能服务与制造企业，特别是作为一个已挂牌多年的新三板企业，有着切身而深刻的体会！

我们从产业端来看：

1. 有机会获得资金的支持，是对中小企业最大的帮助。而北交所的设立，与以往不同的是，由国家最高领导人传递出的国家意志是无比明确的，也是坚定不移的，将直接带动带活多层次资本市场，特别是对应中小企业融资的相关层次资本市场的相关要素，包括人、资本、政府部门与市场各机构的积极性、执行力和效率都将大大提升！

2. 信心始终是企业发展的头等大事。北交所的设立，横向纵向带动带活了相关方，最主要的是统一了思想、带来了信心！各方特别是企业可放心地把精力用在企业发展上，我确信，做好企业自己的工作就能获得更多的支持。

3. 明确正确的发展方向是中小企业持续增长的保障。北交所的设立和国家颁布的对中小企业发展的指导方针及行业政策，让我明白自己企业所做的事情符合国家发展战略和规划，这也让我们的步伐更坚定。

丰电科技十年前就确定了企业使命：致力低碳生活！所做的工业节能服务工作不仅助力工业企业能耗双控，也能为国家碳达峰、碳中和出一份力（工业能耗占全社会能耗超过60%，而丰电科技所在的压缩机领域耗能占全工业能耗超过20%）；而生产的氢能压缩机等产品也正是国家鼓励的新能源领域，通过自主创新和技术创新扩大市场应用领域产品（氢能将在绿色低碳交通、储能、工业绿色工艺等领域发挥巨大作用，不仅是国家重点推进的新能源应用领域，同时氢能也具备作为人类终极能源解决方案的很多优势，发展潜力无限）。这让我们更有信心、更有勇气砥砺前行、奋勇拼搏，我们更确切地知道，我们不是一个人在前行，而是跟国家站在一起前行！这也让我们坚信，有机会与时代同步会使我们达到更高的境界！

中科国信（430062）：
创新驱动，深耕航空和卫星通信

走进位于北京中关村的翠湖科技园区，远远就能看到楼顶巨大的卫星通信天线及门前的天线试验摇摆台，一定是中科国信无疑了。这家成立于 2005 年的老牌民营军工企业，拥有着全部军工资质及工信部卫星通信电信运营资质。坐在我面前的董事长李涛曾任石家庄陆军指挥学院副教授、研究生导师，整个谈话的过程中能深深感受到他坚韧挺拔的军人气质及多年来深耕航空卫星通信领域的执着与专业精神。

——李颖《精选新三板》制片人/主持人

【导语】2021 年 9 月 17 日 13 时 30 分，神舟十二号载人飞船返回舱正处在反推发动机成功点火后，准备在预定着陆场降落的过程中。三位航天员的回家之路被全程直播，现场传回的高清图像，让亿万观众清晰地观看到了飞船成功降落在着陆场的激动时刻。其实，在直播返回舱着陆过程的背后，正是卫星通信设备在实时转播和保障现场的搜救通信工作中起到了关键性作用。

【采访】李涛　北京中科国信科技股份有限公司　董事长

卫星通信作为一种非常重要的通信手段，它主要应用在应急通信和公共网络通信网络达不到的位置。比方说应急管理部的通信，海洋上的通信，边远地区的通信，边远地区基站接入的通信等。

与传统通信技术依托地面基站传输信号不同，卫星通信技术是利用卫星实现通信终端互通，具备传输距离长、带宽宽、机动性强等优势，能保证在偏远地域或复杂电磁环境下，两地之间实时视频高清图像和多路语音信号的不间断传输。

【解说】北京中科国信科技股份有限公司于 2005 年成立，在董事长李涛的带领下，多年来一直致力于卫星通信产品的研发、生产和服务。

【**主持人/制片人**】李颖：通信技术发展速度如此之快，包括政策也是密集出台，鼓励这个行业的发展，是否与它的市场需求的提升是相关性的？

【**采访**】李涛　北京中科国信科技股份有限公司　董事长

我们国家这种基站建设相对比较密集，所以说在我们国家体现得还不是很明显。像美国、加拿大这样的国家，它们的地域比较广，光缆建设非常不方便，那么使得他们的卫星通信步入了千家万户，也就是说形成了一种类似手机这种形式的比较常态的应用方式。

拿美国来讲，它有4万多颗卫星的发射规划，这就体现了它对市场的这种预测。

之所以发这么多卫星，基于它们对市场需求的预测，可见国外对这种市场非常乐观。我们国家也是这样，例如，新成立了星网公司，星网公司对等美国这种低轨通信卫星也规划发射上万颗卫星，这样的话，国家对于卫星通信领域和基础设施的建设，本身就是契合我们对卫星通信的需求这种预测。

与西方发达国家相比，我国的卫星通信产业起步较晚，但是各行业对卫星通信需求较大，发展卫星通信技术势在必行，然而，卫星通信系统相对复杂，要想真正发展起来，还需要突破各个关键技术，慢慢积累。

【采访】李涛　北京中科国信科技股份有限公司　董事长

在 2005～2007 年这个阶段，主要客户对我们提出新的需求，解决一个卡脖子的问题，就是直升机的卫星通信。直升机的卫星通信是卫星通信最难的一种通信场景，由于直升机有旋翼遮挡，所谓螺旋桨遮挡，它的姿态变化又非常的剧烈，幅度很大，这是非常难的一种卫星通信场景，当年这种技术国外对中国都是禁运的"卡脖子"工程。

【解说】军人出身的李涛，骨子里带着种不服输的精神，不甘心核心技术被国外垄断，李涛定下了一个坚定而明确的目标，就是要在卫星通信技术上突破封锁。这与致力于调制解调器研究的清华大学电子工程系副教授马正新不谋而合，他们都有着替代国外产品、发展国产自主可控卫通产品的决心。

【采访】马正新　清华大学电子工程系　副教授

1991 年研究出初步版本，经过 30 年的完善，才能在各个通信模式下都可以达到高性能，这不是一蹴而就的事情。有些是在固定站可以，移动站就不行，有些说我这些可以干，直升机就不行，它有遮挡，各有各的（原因），有些在高速不行，高速移动，每个系统都有它的麻烦，你购买了这个系统技术，那个就不一定用得了，它有它的特殊性。

【采访】李涛　北京中科国信科技股份有限公司　董事长

当年，我们跟清华共同研制开发直升机卫星通信，经过10多年的努力，我们现在的直升机卫星通信系统能适用于国际上各种直升机的通信场景。

比方说俄制的 K 系列，共轴反桨的直升机、单旋翼的直升机等各种旋翼遮挡的情况，我们都非常有效地解决了这个关键技术，使产品适用性更广、更安全。

【主持人/制片人】李颖：所以能这么理解吗？参与或者在做卫星通信的公司有很多，但是能真正解决这种卡脖子的难题的，打破这种技术门槛壁垒的，或者有这种技术优势的公司却很少。

【采访】李涛　北京中科国信科技股份有限公司　董事长

因为直升机的卫星通信是卫星通信最难的一种场景，那么直升机卫星通信解决之后，其他的卫星通信的应用场景就迎刃而解了。

比方说我们推广到了固定翼的飞机，那么不管是大型的固定翼无人机，还是车载的卫星通信、水上艇载或舰载的、水下的卫星通信，公司的这种卫星通信技术经过 10 年的研发积累，可以适合于各种卫星通信应用场景，使得公司的产品市场规模进一步扩大。

这样在其他的应用场景，我们就有更好的指标、更强的性能，可以为用户提供更好的产品。

作为民营军工企业，结合高校产学研一体化进程，在 2008 年中科国信完成了第一个航空军品型号产品研制和定型，该产品获得军队科技进步一等奖。正是把握住市场趋势，中科国信得到了快速发展，成功入选北京市"专精特新"企业名单，并于 2010 年成功挂牌"新三板"。

目前，中科国信在航空电子、航空检测、航空保障、卫星通信和卫星导航领域，拥有行业科研生产全部资质以及高新技术企业证书、质量管理体系认证证书、增值电信业务经营许可证、航空部附件维修许可证等相关资质。中科国信产品获得了部级科技进步一等奖和北京市新技术新产品（服务）证书，通过了国防科技成果鉴定，专利、软件著作权等知识产权百余项。

【采访】杨玉琢　北京中科国信科技股份有限公司　总

工程师

首先是全自主产权，这几年国内对全国产、自主可控要求比较高一些，我们自始至终坚持所有东西都是自己做，所以信息安全性符合国家现在的政策导向。其次就是我们多体制融合，我们见到的卫星通信能用到的，包括 FDMA、TDMA 和 CDMA 都做了，还包括各种专装体制，像直升机、潜艇这种应用，我们都涉猎了，各种应用都有，但是我们会把这些做一个统一管理，对用户来讲，就是即插即用，"开机通、免配置"，这是我们一个比较大的优势。再细一点就是，我们做调制解调器，核心的技术指标要与国外同类产品相当或略好一些。

【采访】李涛　北京中科国信科技股份有限公司　董事长

公司的产品一直遵从军工企业的这种质量标准，我们有核心的技术，有非常先进的设备，那么我们产品的品质也是采用了军品的这种标准要求，经过严苛的环境实验，比方说高低温、湿热、霉菌、盐雾、振动等苛刻的环境进行考核，我们才出厂，这样的产品是非常具有可靠性和安全性的，这也是公司在市场竞争中的一个比较核心的关键方面。

高于标准，严于要求，李涛在产品生产上要求精益求精。作为中科国信的掌舵人，李涛深知卫星通信产业的发展关乎国家信息安全，在研发团队的主攻方向上，更是倾注了自己独到的发展理念。

【采访】李涛　北京中科国信科技股份有限公司　董事长

我们国家从 20 世纪 90 年代开始有卫星通信，经过一二十年的努力，卫星通信初具规模，尤其是军用卫星通信发展得比较快，军用的需求比较迫切，所以说它发展得比较快。民用上也非常重要，民用上以往的民用卫星通信，它的核心产品都是进口的，包括我们国家的政府机关，甚至包括一些特殊单位，它们用的核心产品都是进口的，那么我们国家强调信息安全，像我们的局域网络系统、有线网络系统，它都要求自主品牌，自主可控，这主要是关心信息安全。

这样的核心设备在政府机关很长一段时间用的都是进口产品，近几年我们国家提高了对信息安全的要求，国产自主可控，国产替代提到了议事日程。我们也正赶上这样的好时候，参加了多个系统的建设，进行这种国产替代的项目，下一步在这方面也是我们的主攻方向。

近几年，在我国航天工业快速发展带动下，卫星通信产业的技术发展不断纵深，应用领域不断扩展，从量变的积累期进入了质变的爆发期，中科国信顺势而为走上了发展的快车道。

【主持人/制片人】李颖：请您谈谈资本在这几年发展当中起到了什么作用？

【采访】李涛　北京中科国信科技股份有限公司　董事长

通过挂牌，有券商、会计师、律师规范公司的治理结构，使得公司步入一个正规的发展之路。新三板 2013 年扩展到全国，称为全国中小企业股份转让系统，使得新三板具备了融资功能。

公司抓住这个机遇，在 2014 年、2015 年、2016 年这个阶段，总共融资 1.5 亿元，使得公司在各个研发领域有了资金的支持，在公司最困难的时候，资金又帮着公司渡过了难关。所以说，中科国信在资本市场，尤其在新三板平台上是最大的受益方。

进入到深化改革阶段，进一步扩大了融资渠道，尤其是习近平主席宣布建立北交所，将会给公司提供更大的更方便的融资渠道，我们也想借助资本市场把公司做大做强。

《国家民用空间基础设施中长期发展规划（2015—2025年)》为我国民用卫星通信产业发展指明了方向，规划指出固定通信卫星和移动通信卫星要并重发展，强化地面系统建设，通过"三步走"方针，提出"十四五"卫星通信产业目标：新增建设 22 颗通信广播卫星，政策指引必将带动我国卫星通信产业进入快速发展期。

【主持人/制片人】李颖：无论从现在的市场前景来看，还是从目前资本市场的改革情况来看，李总对于中科国信未来在资本市场上有什么样的规划？

【采访】李涛　北京中科国信科技股份有限公司　董事长

公司会继续沿着航空和卫星通信方向发展，尤其是卫星通信，我们现在已经跟主要的拥有卫星资源的大企业形成了战略合作，下一步我们会构建全国的这种卫星通信网络，甚至是覆盖全球的卫星通信网络系统，这个就需要大的资金支持，我们下一步在资本市场上希望吸引投资人，我们在这个方向上，尤其是在全球覆盖这方面，我们要做到行业领先的技术水平和地位。

未来，中科国信将继续专注于卫星通信产业技术发展，精准把握市场主导趋势，结合自身预研一批、在研一批、在产一批的产研学相结合的发展模式，与国内拥有卫星资源的主要国家级企业形成紧密的合作关系，共同建设覆盖全国乃至全球的卫星通信网络系统，为世界星联互通发展贡献中国力量。

中科国信（430062）：李涛

乘新三板改革东风，实现中科国信新的腾飞

北京中科国信科技股份有限公司是老牌民营军工企业，2005年9月成立后，在不满两年的时间内就完成了第一个航空军品型号的产品研制和定型，该产品获得军队科技进步一等奖。自此，公司平均每隔一两年即完成一个军品型号研制，并通过鉴定定型，截至2020年底，已经有十几项军品型号产品。近年来，军品产值占公司总收入的比例高达80%以上，更有某型武器引导系统通过科工局的成果鉴定，被评为"国内领先"。公司拥有发明专利十多项，实用新型专利和软件著作权百余项，获得北京市"专精特新"证书。

公司业务主要集中在军事航空和卫星通信产品的研发、生产和服务，军事航空方面有多项在细分领域是"单一来源"承制；在卫星通信方向，一开始是为了解决国外"卡脖子"的直升机机载卫星通信系统问题，通过与清华大学合作，在其近二十年的技术积累基础上，历经十余年攻克了各种难关，研制成功适合各种直升机机载的卫星通信系统，随后将其应用推广到固定翼飞机机载、车载、舰载、艇载等卫星通

信应用领域，形成了具有独特优势的卫星通信业务方向。

以上成绩的取得离不开创新，也离不开资本市场的支持。作为创新型中小企业，公司具有核心技术及产品，并具有持续创新研发能力，产品和服务能够被用户认可并有一定规模的市场。企业从初创到具有一定规模发展的各阶段，离不开资金的支持，或者用自有资金滚动发展，或者借助资本市场融资加快发展进程。

公司 2005 年成立，第二年就诞生了新三板的前身"中关村股份代办转让系统"，公司在经历了五年的初始发展后，于 2010 年挂牌新三板，在主办券商的督导下，规范了公司治理结构，提升了公司品牌效应。随着全国中小企业股份转让系统的落地，为公司直接股权融资打开了大门，公司抓住历史的机遇，充分享受了新三板早期的政策红利，共融资 1.5 亿元，此时也正是公司发展的关键阶段，公司挂牌后业绩连年增长，2015 年公司收入达到历史最高水平，虽然之后的三年由于主要客户体制改革，订单断崖式减少，公司开始进入低谷期，但靠着新三板融到的资金，公司度过了最艰难的三年，而且从未停止新产品新技术的研发。

有了新三板的支持，通过持续创新，公司从成立之初的十几个人、产值在挂牌新三板时的一千多万元，发展到员工上百人、收入 2 亿元的规模，从而使得公司进入到新的更高的发展阶段。根据公司的长远发展规划，在单纯的装备制造、产品销售模式基础上增加卫星通信网络建设和运营服务。

《国家民用空间基础设施中长期发展规划（2015—2025年)》为我国民用卫星通信产业发展指明了方向，规划指出固定通信卫星和移动通信卫星要并重发展，强化地面系统建设，通过三步走方针，提出"十四五"卫星通信产业目标：新增建设 22 颗通信广播卫星，其中全新研制的通信卫星有 5颗，包括 L 移动多媒体广播卫星、大容量宽带通信卫星、整星容量超过 100Gbps 的超大容量宽带通信卫星、高承载比宽带通信卫星、全球移动通信星座科研星等，带动我国卫星通信产业进入快速发展期。

公司一直坚持产学研相结合，与清华大学合作进行了长达十多年的卫星通信系统的研发，大大增强了公司在该领域的竞争力，十年磨一剑，正赶上"十四五"规划的卫星通信基础设施建设（"新基建"）的时机，也赶上了北京市鼓励的"南箭北星"的产业发展政策，从而打开了公司发展的广阔空间。公司已经与国内拥有卫星资源的主要国家级企业形成了紧密的合作关系，共同建设覆盖全国乃至全球的卫星通信网络系统，共同为客户提供运营服务。卫星通信技术含量高，网络建设资金需求量大，这就提出了新的融资需求。

恰在此时，习近平总书记关于"继续支持中小企业创新发展，深化新三板改革，设立北京证券交易所，打造服务创新型中小企业主阵地"的指示，给我们带来了新的机会，为公司发展规划的实现提供了更加便捷的融资渠道。

综观中科国信发展历程，我们深刻体会到，新三板是最适合中小企业从小到大发展的"主阵地"，从基础层、创新层到精选层（北交所），契合了中小企业发展的不同阶段。层层衔接、政策延续，让企业从"小学"到"大学"均有适合的融资平台，新三板是多层次资本市场的一大创举。我们乘新三板的改革东风，坚持走创新之路，必将实现公司新的腾飞。

中讯四方（430075）：
国芯当自强：致匠心　智未来

很早就结识了中讯四方的董总，在微信的好友圈里他一直属于开朗外向又忙碌奔波的那一类企业家代表。2021年的夏天疫情平稳后，我第一个便去中讯四方找他聊天，三个小时的沟通让我时而不可思议、时而刮目相看，后来感觉到，这或许是被我在合适的时机挖掘到的一家"宝藏"公司。

"天时地利人和"是他对这两年中讯四方发展过程的一句精辟概括。确实，无论是从国产芯片赛道的契合还是成功资本运作，都让圈内不少机构拍手叫绝，虽然我也认可这天时地利人和的小运气，但我更加认为，在这客观因素的背后，或许"厚积薄发"才能更准确地定义中讯四方。

——李颖《精选新三板》制片人/主持人

【背景】北京中讯四方科技股份有限公司成立于 2005 年 9 月 23 日，是一家具有自主研发能力，专业从事声表器件、微波组件/模块、微波系统集成的国家高新技术企业。产品广泛应用于移动通信、电力、物联网及消费类电子等领域。目前，公司拥有多项发明专利、实用新型专利和集成电路布图设计专有权等。2010 年 11 月，公司登陆中关村"新三板"市场，股份代码 430075。公司通过资本运作，不断整合行业资源，引进高端人才，在软、硬件方面加大投入力度，先后成立了南京微波组件/模块生产基地和河北高端声表器件生产基地，2014 年 5 月，公司成功并购深圳华远微电科技有限公司，至此，中讯四方已成长为国内一流声表面波技术专家。

【导语】随着经济的强势发展，我国对于芯片的需求量激增。然而近些年，受到疫情等众多因素的影响，芯片短缺成为我国乃至世界经济发展的制约因素。一颗小小的芯片，却成了我国经济发展的"拦路虎"。当前，由于半导体产业已进入全球一体化的运转网络，中国和美国的半导体大战，乃至整个世界的芯片大战，已经拉开大幕。这也让国人清醒地认识到，高新科技领域的对抗直接关系到祖国伟大复兴的进程。在国家及资本的助推下，我国众多半导体研发制造企业开始如雨后春笋般强势崛起，在声表面波领域默默耕耘十多年的北京中讯四方科技股份有限公司也渐渐地走进了大众的视野。

【主持人/制片人】李颖：中美的半导体大战，乃至整个世界的芯片大战，最近两年已经拉开大幕，芯片这个领域其实很细分，而且众所周知做芯片很烧钱，为什么你们当时聚焦在了这个声表面波器件？

【采访】董启明　北京中讯四方科技股份有限公司　董事长/创始人

我们做的声表本身就是芯片，它是一种特种芯片，在中国，比如说手机、电脑，很多东西是组装的，真正里面的核心东西很多都是国外控制的，很多大企业不太关注这个。做声表芯片确实需要钱，但也不是像一般的芯片那么多，而且它不仅仅是设计，它还要有工艺结合。比如说有的芯片我设计好代工就可以，但它是个射频芯片，需要工艺配合，所以它的门槛更高，但是它的细分领域用得都不广，所以说当时国内这一块是空白，尤其民营做这一块，基本上是比较冒险的。因为它本身是一个资金密集、技术密集的领域，还有设计工艺各方面都很难，正因为这些，我下决心要把声表面波做到最好。

【主持人/制片人】李颖：在芯片领域我们现在处于什么地位？

【采访】张敬钧　北京中讯四方科技股份有限公司　创始人

我们属于射频芯片的范畴，滤波器是其中的五大芯片之一，这个领域国内市场有 1000 亿元的市场份额，但是国内厂商仅占有 5% 的市场空间，其他的主要靠日美企业，而且以日本为主，美国有一部分。在这种情况下，我们做国产替代，代表国内的企业能占到比如 30% 这个样子，整个格局就变了。

【主持人/制片人】李颖：所以这个 5% 其实有两面性的，换个角度来讲，95% 的空间都是我们能够拓展、都是我们未来潜在的发展市场。

【采访】张敬钧　北京中讯四方科技股份有限公司　创始人

是，但是直接面对的就是国际巨头，这个困难还是有的。

【解说】北京中讯四方科技股份有限公司作为国家级高新技术企业，国内声表面波芯片的顶尖制造商，依托自身强大的研发及生产实力，受到了各方资本的青睐，建立健全了产品和技术创新机制，在声表面波系列产品以及微波探测领域成为了"领头羊"。

【主持人/制片人】李颖：在声表面波领域我们属于头部公司吗？

【采访】张敬钧　北京中讯四方科技股份有限公司　创始人

声表面波这块，国内目前仅有两三家，我们肯定是头部的企业，而且是其中唯一的一个新三板公司、类上市公司。我们的产品门类最全，涵盖应用领域最广，还有我们的类上市公司身份，从这几点来说，确实是在头部。

【解说】公司产品广泛应用于移动通信、电力、物联网及消费类电子等领域，拥有多项发明专利、实用新型专利和集成电路布图设计专有权等。

【主持人/制片人】李颖：中讯四方具备哪些技术研发优势？

【采访】张敬钧　北京中讯四方科技股份有限公司　创始人

我们一共有接近200项专利，它不仅包括发明专利、实用新型专利，还有集成电路布图设计、软件著作权。就是说，我们作为一个集成电路芯片企业，不仅我的芯片设计本身是专利，我怎么设计出芯片这种软件，这整个的思路，也是专利的一部分。

【解说】2010年11月，中讯四方成功登陆新三板，股票名称"中讯四方"，代码430075。如今的中讯四方更是蓬勃发展、势如破竹，不但受到各方资本的强烈关注，更成为国家芯片破冰行动的重要力量。然而，这一切的光鲜亮丽的背后，却是领头人董启明和张敬钧十多年艰辛创业、鲜为人知的故事。2005年秋，在上地南路一间不足80平方米的小屋子里，两位心系中国芯的年轻人，怀揣打造微电子民族品牌、实业报国的梦想，把一颗微电子民营企业的种子悄然植入了中国通讯产业蓬勃发展的土壤，从此，中讯人开始了辛勤的耕耘。

【主持人/制片人】李颖：创业至今，有没有哪些时刻觉得很艰苦？

【采访】董启明　北京中讯四方科技股份有限公司　董事长/创始人

创业本事就是个艰苦的过程，你如果要把它当成享乐，那你真的不要创业。

【采访】张敬钧　北京中讯四方科技股份有限公司　创始人

我们的心态在于就是这个行业值得我全身心地投入上去，这样的行业才值得做，这种创业才有可能激发你全部的力量。如果你一眼就望到头了，可能就没有那么大的兴趣，这个是我们两人一个共同的特点，别看我们性格其实差异很大，但骨子里有这个共同点。

【解说】任何企业的发展都不是一帆风顺的，特别是中讯四方专注于声表面波领域，面对投资大、回报周期长等诸多困扰，中讯四方在发展上长期受到资金短缺的制约。特别是银行抽贷，让中讯四方徘徊在生死边缘。那么，面对如此艰难的生死时刻，中讯四方究竟是如何扭转乾坤、转危为安的呢？

【主持人/制片人】李颖：新三板市场起伏波动的那几年，对你们来说最难熬的时候都经历了什么？

【采访】董启明　北京中讯四方科技股份有限公司　董事长/创始人

那时候，因为前面我们发展有点快，有银行贷款，还有在新三板融资，后来随着国家去杠杆，同时新三板发展也出现瓶颈，包括融资也不行，那一段时间，公司有两三年特别困难。

【主持人/制片人】李颖：是资金压力很大吗？

【采访】董启明　北京中讯四方科技股份有限公司　董事长/创始人

资金压力很大，公司因为研发，一般来说银行贷款是一个短期资金，但是要投入研发，时间需要延长，长短搭配需要做好。

【主持人/制片人】李颖：应该还记得当时的情景吧？当时困难到什么程度？

【采访】张敬钧　北京中讯四方科技股份有限公司　创始人

员工有半年多工资发不出来，外面该还的账马上要还，还有银行的账，关键我个人还有很多的问题要解决，那段时间真是心力交瘁，经常从睡梦中突然惊醒，吓得跳起来，睡不好，那个时候就觉得每天都可能面临公司垮掉的危险，每一天都去想办法，不要让它垮掉，没有一刻是可以放弃的，就像给它续命，就跟拯救自己的亲人一样。你能续一分钟那就续一分钟，动用一切手段。

【采访】高红梅　北京中讯四方科技股份有限公司　股东/合伙人

银行的抽贷，对于公司来说应该是一个致命的打击，我觉得我们不管是股东还是员工，都把自己家里能抵押的、能拿出来的，全部都为公司解困，都去做了努力，包括我也一样，所以有些时候想起来，我觉得还是蛮感动的。其实我们作为股东，我们是应该的，可是员工呢？在几个月没有发工资的情况下，还能坚守、还能坚信，我认为是心底那份信念，也是对中讯四方的一种相信吧！

【采访】高亚京　北京中讯四方科技股份有限公司　董秘

我们这个行业是一个重资产的行业，需要投入的比较多，属于资产密集型和资金密集型的行业，所以就需要我们大量的投入，我们本身在这方面因为有生产线，所以投入比较多，资金流就会比较紧张，因为我负责融资工作，融资的事情都是我先谈，那我在谈的时候，通过我对公司的一番介绍和讲解公司目前的一些情况，投资人很认可公司，也愿意帮公司暂时度过这个难关，但是他们就提出来，最好是有个房产，有房产借起钱来可能就比较顺利，张总、董总他们也基本上都拿不出来什么了，能用的都用了，我想到自己有一套房子，考虑到现在这种情况，要不然我把我的房子拿出来吧，张总的房子已经拿去抵押了，我觉得这个时候如果我袖手旁观、置之不理的话，如果公司真的因为钱这个事情倒闭了，对于我来说自己会很内疚的，我过不去我自己良心上这道坎儿，公司的其他员工也把自己的房产拿出来，比如说我们深圳公司的负责人、我们南京公司的总经理，公司在最困难的时候，他们都把自家的房产拿出来抵押了。

【主持人/制片人】李颖：在至黑至暗时刻，你们能做出这样的举动，我觉得你们是对公司有特殊贡献的一群人。

【采访】高亚京　北京中讯四方科技股份有限公司　董秘

在公司最困难时期过去后，年底我们进行一个例行的评优表彰，评出特别贡献奖，奖金 8 万元，然后颁发一个奖杯。这对我们来说是一个很大的肯定，这也是公司有史以来最大的奖项。

【解说】"实业报国、从芯做起、激情进取、追求卓越"，秉承着这一创业宗旨，中讯人齐心协力，共克时艰。目前，中讯四方已经进入了高速发展时期，从资金短缺到资本追逐的翘楚，中讯四方是如何对接资本的呢？

【采访】董启明　北京中讯四方科技股份有限公司　董事长/创始人

一般来说，好多企业跟资本一投进来之后，就会出现什么呢，老板说了不算，谁也做不了主，最后就分崩离析了。我首先谈你的理念跟我对不对，不对的话，你多少钱我也不要，为什么呢？他容易给搞乱了。我可以只持股份1%，但这1%你是否尽力，我说我即使只持0.1%也是100%努力，你一定要充分的认可，不能什么事都来干涉，那搞不成的，那么最后干脆别投。所以说我这一点还是比较强势，就是在利益上一定要分出去，但是在决策权上相对集中。

【主持人/制片人】李颖：从公司的发展角度来看，去年的业绩和未来资本市场发展这一块有什么特别的规划？

【采访】高亚京　北京中讯四方科技股份有限公司　董秘

2020年的业绩还是不错的，我们的营业收入是4.48亿元，相比2019年的2.87亿元增幅是56.07%，从中可以看出我们公司发展正在逐步向好。湖州我们建设了一个5G声表面波滤波器的项目，进行一个新的生产线升级，建成这条生产线之后，为我们芯片的国产化打下了一个良好的基础。

【解说】2021年，旗下子公司浙江华远微电科技有限公司落户浙江省湖州市吴兴区国家高新技术产业园。为此，浙江华远吸收投资人民币 8.4 亿元，建成一座具有 100～1000 级 8900 平方米无尘车间的现代化芯片制造工厂，建设 4 英寸全自动芯片生产线以及全自动 CSP 倒装焊封装线，研发并批产针对新一代移动 5G 终端所需的高性能、小体积射频前端声表面波滤波器，解决规模产业化的关键技术，实现射频滤波器与射频前端有源电路集成。通过高性能的声表双工器技术，突破高性能声表滤波器由国外公司垄断的局面，研制出应用于 5G 移动终端用的高性能、小体积声表面波滤波器，逐步替代进口产品，使中国制造的射频声表滤波器在技术和产品上达到国际领先水平。本项目的建设将带动国内滤波器行业的全面发展，从根本上解决长期以来滤波器"受制于人"的被动局面，实现该领域技术和产品的国产化自主可控，使国内移动终端设备厂商有更多选择的机会，推动 5G 产业的健康发展，为实现滤波器国产化替代做出贡献。

【主持人/制片人】李颖：湖州生产线启动后，会带来怎样量级的增长？

【采访】张敬钧　北京中讯四方科技股份有限公司　创始人

湖州项目做起来的话，可以达到年产 25 亿只手机滤波器这么一个数量级，这个数量足以让我们在手机滤波器方面占有一席之地。第三年的时候就开始扩线，扩线这一步就是扩大到我们占市场份额 10% 以上，全球市场份额的 10%，这样就占有一定的市场份额，有一定的话语权。也要拿出我们的国产替代的这种最高水平的产品。第几年上市好呢，应该是前三年这个时候就可以考虑了，科技发展这个趋势一定是中国也要在芯片这个地方发力，改变现在日美垄断的局面。

【采访】高红梅　北京中讯四方科技股份有限公司　股东/合伙人

我们走到今天，除了政府给我们的支持外，还获得了湖北信科投资控股有限公司的支持，我觉得中讯四方该迎来她自己的辉煌时刻了。

【采访】董启明　北京中讯四方科技股份有限公司　董事长/创始人

天时地利人和，我觉得中讯四方我们有信心在这一块，在细分领域，做点力所能及的贡献，这个我们还是有信心的。

【解说】上地南路不足 80 平方米的小屋子，到如今拥有众多专利技术及子公司，从当年英姿飒爽的翩翩少年，到如今早生华发的企业家，董启明、张敬钧的默默耕耘，高红梅的坚定果敢，高亚京的倾囊相助，中讯人的专注、朴实、无畏，让我们看到了中国智造的希望与未来，中讯四方，志在四方，让我们共同期待中讯四方的明天更美好。

中讯四方（430075）：董启明

中讯四方的资本路

2021 年 9 月 2 日晚，习近平主席在中国国际服务贸易交易会发表视频致辞时指出，将继续支持中小企业创新发展，深化新三板改革，设立北京证券交易所，打造服务创新型中小企业主阵地。这一消息像一针强心剂，鼓舞着无数像中讯四方一样在创新科技领域艰难前进的中小企业。

目前，高新领域技术的对抗直接关系到祖国伟大复兴的进程，在国家及资本的助推下，我国众多半导体研发制造企业开始如雨后春笋般强势崛起，"中讯四方"在声表面波领域默默耕耘十余年后也渐渐地走进了大众的视野。

中讯四方自建立之初便以"实业报国、从芯做起、激情进取、追求卓越"为创业宗旨，面对大企业对芯片产业忽视、民营芯片中声表面波领域在国内几乎是空白的情形以及资金投入多、回收慢的高风险等严峻形势，仍坚定地踏入这一领域。在发展中，中讯四方克服资金与技术难关等重重困难，攻坚克难，从上地南路不足 80 平方米的小屋子，到如今中讯四方已在华北、华东、华南多个沿海核心城市建立了多家产业公司。总部位于北京海淀，下设全资子公司河北时硕微芯科技有限公司、南京沁智电子科技有限公司、北京华天创业微电子有限公司，控股子公司浙江华远微电科技有限公司、日照东讯电子科技有限公司，参股子公司湖州鼎新股权投资合伙企业（有限合伙）、浙江讯驰电子科技有限公司。成功为多个国家重点型号项目配套研制了 3000 余种声表面波产品，申请了 21 项发明专利、100 项实用新型专利、28 项软件著作权和 12 项集成电路布图设计权，并获得了国家高新技术企业证书、国家第三批专精特新小巨人荣誉称号等多项资质荣誉，为国家高新科技领域的发展作出了卓越贡献。

中讯四方在声表面波领域默默耕耘 16 年后渐渐地走进了主流资本的视野。16 年的风雨兼程，造就了中讯人务实坚毅的品格，这一点，造就了我们在与资本接触过程中能够坚持本我，不忘初心。

中讯四方早在 2010 年 11 月，成立后的第五个年头，就率先登陆中关村新三板资本市场。登陆新三板后，公司不断通过资本运作，整合行业资源，引进高端人才，在软、硬件方面加大投入力度，先后成立了南京微波组件/模块生产基地和河北高端声表器件生产基地。通过资本助力，从资金紧张到资本追捧，实现小步快跑。2014年，公司成功并购深圳华远微电科技有限公司；2018年，成立山东日照东讯电子科技子公司，同年，成功并购华天创业微电子有限公司；2021年，5G声表面波滤波器项目在浙江湖州落地，研发并批产针对5G终端用的高性能小体积声表面波滤波器逐步替代进口产品，力争使中国制造的射频声表面波滤波器在技术和产品上达到国际领先水平。

随着我国目前社会市场竞争日趋激烈及国际形势的剧烈变化，科技型中小企业仅靠本身的积累，无法形成具有一定优势的规模，在同行业竞争及国际竞争面前，会显得不堪一击。因此，科技型中小企业与资本对接有其必然性，通过资本的助力让这些中小型企业在发展的过程中能有效加快前进的脚步。资本的对接，首先，无形当中提升了企业的信誉度，企业的客户将会更加坚定对企业的信任度，在企业日后开拓新市场的过程中，相应的业绩将得以有效提高，使得企业的效益日趋渐长；其次，提高了企业的股权价值，能够吸引更多的投资者，加速企业股权的流动性，增强企业的活力与股权的价值；最后，有利于企业进入更大的资本市场，企业在与资本对接的过程中，规范了企业的管理流程，为企业的可持续发展提供了规范的轨道，加速了企业的快速发展，从而让企业进入更高更好的资本市场。

资本市场为支持创新创业起到了重要的作用，但资本对接的过程中股权的稀释、经营权控制权能否持续掌控，也是企业不得不面对的现实问题。我们的经验是企业与资本是一个双向选择的过程，资本在筛选企业的同时，企业也从价值观、经营理念、是否能够持续赋能等角度选择资本，如果不能达到经营理念一致、实现价值链互补效应，可能只是多了一些口水战。

中讯四方对于北交所的设立抱有重大期望，明年将迎来新三板设立第十个年头，今年又进一步明确设立转板规则，将实实在在地为像中讯四方这样的在新三板市场上发展多年的企业注入资本活力。此次，按照北交所的规则，为鼓励企业研发投入明确开了绿灯，也为中讯四方这样一家国家级的专精特新企业打开了上市的绿色通道。

不过，基于过去在新三板市场摸爬滚打的经验，规则设立之初会存在诸多磕碰与波折，北交所必将任重而道远，让我们一起拭目以待，一起期盼其行稳致远！作为科技型中小企业的"中讯四方"将倾尽所能，献计献策，愿意像过去十年一样，在新三板及未来的北交所，持续发光发热！

　　未来，北京中讯四方在日益强大的团队的带领下、在战略资本的助推下，将始终怀揣"实业报国，从芯做起"的历史使命与"激情进取，追求卓越"的创新精神不断发展，坚定前行，我们必定会迎来中国制造的辉煌未来。中讯四方，志在四方。

特思达（831510）：
未来科技，无“触”不在

　　第一次和特思达董事长徐勇通过社交软件聊天时便注意到他的签名：TSD 触摸科技，这四个字也成了我对特思达这家企业最直观的第一印象。指尖的触摸屏技术从早几年是被认知的“黑科技”到最近几年的触手可及经历了飞速发展，但这背后的发展历程和技术内核究竟是什么？国产触摸屏的科技含量如何，在“智造”的领域，中国一块小小的触摸屏是怎样走出国门迈向国际市场的呢？带着这些问题，这次我们走进了江苏特思达电子科技股份有限公司。

——李颖《精选新三板》制片人/主持人

【背景】江苏特思达电子科技股份有限公司成立于2006年，是一家全球专业领先的智能商用触摸显示设备及整体触控系统解决方案的提供商，是融触摸显示产品的研发、生产、销售与配套服务为一体的国家高新技术企业。公司主要产品包括触摸显示器、触摸一体机、电子会议白板等触摸显示类创新产品。产品的应用广泛，主要应用于金融自助领域的ATM柜员机、金融VTM虚拟柜台、金融自助查询系统等；物联网（IOT）领域的服务机器人、轨道交通、电动车换电柜等；新零售领域的POS机、数字标牌、互动广告传媒等；体育健身领域的跑步机、划船机、力量训练器械、智能会议白板五大领域，同时也涉及环保这一新业态。

【导语】（20世纪80年代《星球大战》的电影片段）

20世纪80年代，好莱坞的科幻巨制《星球大战》将人类对于未来科技的憧憬搬上了荧幕。可以触控的屏幕、即时的人机对话，这些彼时让人匪夷所思的"黑科技"，却在今天走进了寻常人的生活之中。特别是触摸显示科技的飞速发展，在提升工作效率的同时，更颠覆了人机交互的方式，促进了人类社会科技发展的进程。2007年1月9日，在苹果公司全球开发者大会上，乔布斯拿着全新革命性产品iPhone，手机屏幕随着指尖滑动流畅地变化内容，台下响起不断的掌声和尖叫声。触摸屏，就这样走进了普通大众的生活。

【采访】徐勇　江苏特思达电子科技股份有限公司　董事长

2007 年的苹果手机触摸屏问世以后，让大部分消费者对触摸屏有一个比较直观的感受。其实在此之前，触摸屏已经在很多场景下应用，比如银行的一些设备、政府部门里面的公共查询台，那个时候，触摸屏好像经常会发现按不动，或者按一段时间以后要派人专门去清洁，各种各样的问题很多，一直到苹果手机问世以后，触摸屏才有了大幅的提升。当时，苹果手机屏幕是 3.5 寸、4 寸，电容技术是苹果公司的主要专利，对很多从业者来讲是要跨越专利，还面临很多挑战。

【解说】新兴科技的诞生，往往伴随着专利的垄断，作为苹果手机的"护城河"，iPhone 独享着电容屏带来的巨大市场利润。然而，在一次触摸显示行业的国际展会上，特思达的董事长徐勇却敏锐地发现了另一条触摸屏的赛道。

【采访】徐勇　江苏特思达电子科技股份有限公司　董事长

在大尺寸上，实际上那个时候触摸屏技术还没有突破。2012年我们在荷兰一个国际展会上（ISE展会），一位客户和我说，你做的大尺寸触摸屏如果也可以做出像苹果手机一样的效果，也许这个市场就会给你一个巨大的反馈，其实我们同行中技术最领先的是一个美国企业，当时它们也在做这个尝试，但一直没有突破。我记得很清楚，那是2月份，回来跟我们研发讲，我们必须在一个月内完成技术突破。这个技术发明出来大家都觉得应该需要很多年，但是非常有意思的事就是我们在仅仅花了一个月时间，在那一年我的生日那一天，第一个原型的东西就出来了。当然，后面从导入到量产，花了差不多一年的时间。两年后的2014年的同样一个展会，我们第一次体会到了科技创新带来的优越感和成就感。当时，我们带了一款32寸、一款42寸的屏去欧洲展会，其实那一块屏我们的成本大概是20美元，我们在现场卖给客户的价格是400美元以上，但是同期，如果是这么大尺寸的电容屏做出来的话，它成本是1000美元，包括荷兰、法国，以及德国、澳大利亚、美国，就是说，每个城市每个国家的主要行业的从业者都买了我们的样品。

【解说】在国际市场上扬名立万，中国"智造"的触摸屏及触控设备让无数的国外厂家叹为观止。那一刻，作为中国的骄傲，江苏特思达电子科技股份有限公司董事长兼创始人徐勇暗暗地定下了一个坚定而明确的目标。

【采访】徐勇　江苏特思达电子科技股份有限公司　董事长

我们公司成立的时候，就定位自己能够成为全球商用触摸显示创新产品的领导厂商。在那一刻我们就决定，不管是什么专业、什么背景的，我们都要抱着初心，把触摸屏做到比较好用而且可以让人觉得惊讶的程度。

【主持人/制片人】李颖：现在我们主要的收入来源是哪几个细分领域的客户？

【采访】徐勇　江苏特思达电子科技股份有限公司　董事长

目前，我们大概分为 5 个行业，但实际上还可以覆盖更多的行业，最传统的是金融行业，那是我们进入较早的行业，也是现在占比较大的一个份额，大概百分之二三十的份额。特思达有一个特点，就是可以快速把握一些商业的机会，我们迅速地跟全球最领先的一些健身设备厂商建立了一些合作，量身定制开发了一些触摸显示的解决方案，应该占了我们

20%左右的市场份额，但同时刚刚讲到了在一些特殊的工业控制、户外广告，这些领域我们也有不错的一个应用。在国内，因为物联网的快速发展，我们在很多细分领域里面有了应用，比如说轨道交通、智能服务机器人，还有垃圾分类，这些我们把它都归类为互联网的创新应用，这是我们的第四块市场。第五个市场就是大家比较熟悉的，由于视频会议的需求，我们就把触摸跟显示产品结合市场需求开发了一个视频会议，我们叫电子白板。

【解说】作为特思达的拳头产品，超大尺寸智能会议白板BOSSHUB，拥有自主品牌和专利技术，其出众的产品体验，不但被市场所追捧，更让国际友商们惊叹不已。

【采访】何建新　江苏特思达电子科技股份有限公司产品总监

这款是我们BOSSHUB系列，BOSSHUB提供了65寸、75寸以及86寸的大屏，这都属于中大型的尺寸。我们做智能板书以及无线传屏，还有一些欢迎屏，我们这款基本上就是我们的欢迎屏，欢迎屏可以根据客户的一些定制要求，可以换不同的PDF方案。我们这一款可以支持双人书写，这个在我们的会议系统里面或者在教育领域中都非常方便，比如说老师在上面写，同学可以在上面答。

【主持人/制片人】李颖：不像我们小时候上课的黑板，这一划就能使用起来倒是很方便，而且还能换不同的颜色。以前在手机端有很多软件能达到这样的效果，但是现在这么大的屏幕能做到还是不容易。这款产品的特点就在于它是大中型尺寸，而且还能用红外线传输。

【采访】何建新　江苏特思达电子科技股份有限公司产品总监

电容屏的我们也有。

【主持人/制片人】李颖：电容屏也能做这么大？当时是说尺寸如果越大，对它的技术要求越高，所以我们在尺寸上应该也是比较领先的吧？

【采访】何建新　江苏特思达电子科技股份有限公司产品总监

是的。

【主持人/制片人】李颖：我觉得中国现在不只是世界工厂了，而是全球创新的领跑者，你觉得在创新这件事情上，特思达做出了哪些成果？

【采访】徐勇　江苏特思达电子科技股份有限公司　董

事长

在大尺寸上面还有一些细分行业，比如你到工业领域里面，环境相对恶劣，它的电磁干扰都会对重复性提出一些新的挑战，所以我们这个时候的创新围绕着这些细分行业的客户进行，这个时候你会发现实际上市场会跟随着你，因为你跟客户走得更近，所带来的市场营销和市场收入的变化就会比较正面。

【解说】从小屏做到大屏，看似只是尺寸的变化，但其背后折射出的却是特思达超强的研发能力。目前，特思达在触摸显示技术及配套系统领域拥有 46 件专利，其中 8 件为发明专利、6 件软件著作权、2 个商标权。公司相关知识产权均以主营产品技术为主，技术研发从硬件、软件及系统三个方向展开，从适配不同应用领域的安卓主板；笔迹加密、光感、RS485 转换等控制板、安卓系统和 Linux 系统均有较为深厚的技术研发沉淀和积累，在产品价值上形成一道又一道的护城河。

【采访】许家铭　江苏特思达电子科技股份有限公司技术研发总监

电容屏大家都会做，但其实最难的是芯片。大家都知道在中美贸易摩擦的时候，芯片一直是我们国家一个致命伤。在芯片部分，特思达也使用了国外的一些芯片，我们现在也开始自主研发芯片。在下半年到明年，我们会开始筹备自主芯片，可以跟其他的方案商先合作，然后我们先去做电容芯片的摄入，比如说从设计到软件的研究，等我们到了一定的规模，我们就会跟芯片厂去合作，直接投片跟流片，这是特思达下一个 10 年的重要产业。以特思达的产能，目前我们一个月大概是 2 万片左右，然后在全年下来将近 20 万片，接下来我们会透过新三板，就是成功地转板之后或是 IPO，我们会再扩大整个行业规模，至少会比现在还要再扩大 5 倍以上。

【解说】为保障相关研发成果的顺利转化，特思达专门设立了研发部门，负责设计、开发全过程的组织、协调、实施工作。目前，特思达拥有包括光耦合微结构器件、触控面板和显示装置、密码输入装置、人脸识别触摸显示器、移动旋转式电子白板、调节支架及具有人脸识别功能的一体机、会议系统等在内的 40 多项科研转化成果。与此同时，从研发到生产，特思达一直走在"自主研发，国产替代"之路的前沿。

【采访】蔡伟伟　江苏特思达电子科技股份有限公司公共自助事业部总经理

这个车间就是特思达整体的一个生产制造加工的地方，算是比较先进的全自动化的一个生产线。目前，我们的产品基本上里边的核心部件95%都已经实现了国产化，我们争取在今年年底将所有的核心部件实现100%的国产化。我们在这个流水线进行产品完全组装完之后，会进入我们的老化车间，老化完了之后，我们会进行产品全功能的一个检验，再往里边看，这个装框线目前每天的产能是接近10000台，装框完之后，我们再往里边看是我们所谓的无尘贴合车间，目前特思达无尘贴合有万级、十万级、百万级还有千级的全贴合生产车间，在整个行业属于前列。特思达成立的十几年以来，我们的客户遍布了全国的金融、轨道、交通、地铁、新零售行业，所以说你在各大银行、商场，包括你出行的高铁、飞机场上，你所看到的触摸产品基本上都有特思达的产品。2023年，特思达产品将遍布全球，这是我们特思达人为之骄傲的地方，也为我们祖国的整体产业的升级发展作出了自己的一份贡献。

【解说】江苏特思达电子科技股份有限公司2014年底成

功挂牌"新三板"。近几年，在高端电子产品带动下，触摸屏行业的技术发展不断更新，应用领域不断扩展，从量变的积累期进入质变的爆发期，特思达顺势而为走上了发展的快车道。

【主持人/制片人】李颖：在销量和市场上利益增长的背后，实际上折射出一个什么样的问题？

【采访】徐勇　江苏特思达电子科技股份有限公司　董事长

我们海外市场快速增长的现象，可以折射出一个中国企业因为技术创新在整个海外市场地位的不断提升，甚至德国、意大利以及美国，对中国产品也产生了较大的技术依赖，所以我们增长是比较稳健的，而且随着规模的增长，在大宗原材料持续增长、成本持续增长的情况下，我们的利润不但没有下滑，反而有稳步上升的一个空间。

【解说】"十四五"规划纲要强调"加快数字化发展，建设数字中国"，明确提出"以数字化助推城乡发展和治理模式创新"，为智慧城市未来十年的发展做出战略指引。政策利好的同时，特思达看到了商业触摸显示领域发展的未来以及公司发展的方向。

【**主持人/制片人**】李颖：对于未来，您给特思达定下了什么样的目标？

【**采访**】徐勇　江苏特思达电子科技股份有限公司　董事长

我们把它分为几个阶段，2025 年前，我们可以成为中国在商用显示里面前三甲的一个企业，并且成为一个规模不错的公共公司，这是我们第一个阶段目标。

到 2030 年第二阶段，我们可以实现在主要的欧洲国家、东南亚国家成为领导品牌。因为实际上触摸屏的主阵地和最大的一个竞争对手是美国，目前实际上核心的专利还是在美国，那个是我们 2035 年要去攻克的一个目标。

【**解说**】未来，特思达将专注于商业触摸显示领域的前沿技术和触控创新产品的市场主导趋势，为国内外客户提供全方位的产品解决方案。以更超凡、专业的技术和更加优质、快速的服务让全球客户畅享优质的触控产品带来的完美体验。特思达作为触控行业细分领域的领军企业，必将为世界物联网互通发展，贡献"中国力量"。

【采访首正泽富副总经理孙夏】

1. 数字触控、触摸屏这个领域，目前市场发展如何？什么样的企业具有核心竞争力？

答：第一，数字触控、触摸屏这个领域，目前市场发展如何？我们认为，由于触摸屏在信息化产品和智能产品上的应用十分广泛，随着我国信息化建设不断推进，以及智能时代的到来，触摸屏行业近年来发展速度较快，且未来市场空间也十分广阔。

触摸屏的下游应用领域几乎涉及了我们生活的方方面面，包括智能家居、智能汽车、酒店和医院的门岗机器人、超市自动结账终端、地铁购票机、机场人脸识别系统、银行用金融自助终端、5G微基站、新能源充电桩换电柜，以及消费电子领域的手机、电脑、电视等。

"十三五"期间，我国大力倡导信息化建设，发布了一系列各行业信息化建设规划。而特思达的商业显示产品作为全新的智能显示终端，已经被广泛应用于智慧城市、智慧社会等各行业的信息化建设中，成为现代化城市建设里不可或缺的基本载体。可以说，国家信息化建设浪潮为商用显示市场的发展提供了巨大机遇。

"十四五"开局之年，全国两会也释放出重要信号，明确加快数字化发展，重点提及发展工业互联网。除了政府部门的数字化升级以外，交通、能源、金融、制造业、医疗等各领域的数字化转型也会加速。全国人大代表、TCL 创始人李东生先生表示，在"十四五"期间，中国要从"显示大国"变成"显示强国"。中国在传统显示面板领域已经领先世界，而在以 OLED 面板为代表的新型显示产业整体产值上也已经超过了 4000 亿元。具体到商用显示中大屏领域，IDC 数据显示，2021 年，商用显示行业推出众多智能化、沉浸式的显示解决方案，在 5G、AI、IoT 等新技术的催化下，商用显示设备不仅仅局限于单向传播，未来更会成为人与数据的交互核心。IDC 预计，2021 年，中国商用显示大屏市场销售额达到 604 亿元人民币，同比增长 22.2%，用于智慧城市、智慧医疗的 LED 小间距触摸屏和用于教育、商务的交互式电子白板将成为市场重点（见图 1）。

商务交互式电子白板主要是受到疫情推动加速普及：IDC 研究显示，2020 年，商务交互式电子白板出货量 34.3 万台，同比增长 30.3%。疫情的到来，使远程办公成为常态化，加速了国内视频会议的普及；同时，商用交互式电子白板具备双向操作、更大屏幕、更高清晰度的特点，满足了智慧办公的需求，大量替代投影产品，带动了交互式电子白板的快速增长。

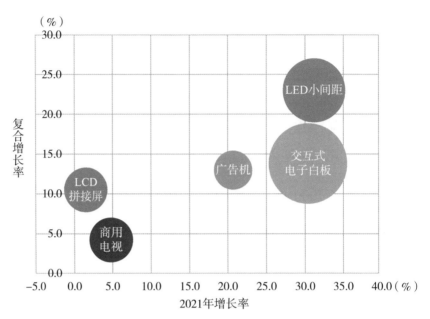

图 1　2021～2025 年商用大屏显示市场规模预测

资料来源：互联网数据中心（IDC，2021）。

教育交互式电子白板长期看涨：IDC 研究显示，2020 年，教育交互式电子白板出货量 75.6 万台，从长远看，教育市场依然庞大，政府投入不减，更新需求加上智慧教室的新增需求，值得厂商持续关注。

而特思达早已在医院和白板领域进行了布局，并在国内外均形成了稳定销售。

此外，特思达触摸屏产品还广泛应用于机器人（门岗、酒店、送餐）、5G 微基站、新能源汽车充电桩和换电柜、金融自助终端、健身器材、零售自助终端（物美超市）、工控人机界面、互动广告传媒等领域。这些下游领域都具有较好的发展前景。

（1）机器人主要包括门岗、酒店和送餐类自动送货机器人，得益于政府对高端智能装备制造业的重视以及人工智能相关技术的迅速发展，中国智能机器人行业迎来了巨大的发展机遇。根据头豹研究院数据显示，中国智能机器人市场规模已由 2014 年的 33.6 亿美元上升至 2018 年的 74.2 亿美元，年复合增长率达到 21.9%。随着机器人的智能化水平上升到更高级别，可应用的范围持续扩大，将拉动下游消费市场对智能机器人的需求，到 2023 年，中国智能机器人市场规模预计将达到 165.0 亿美元（见图 2）。

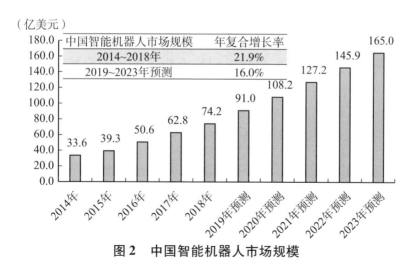

图 2　中国智能机器人市场规模

资料来源：头豹研究院编辑整理。

（2）5G 微基站方面，由于 5G 时代主力频段从 1.8 ～ 2.3GHz 提升到了 2.6 ～ 4.9GHz，使得传统室分系统的建设方案不再适用。在此背景下，运营商采用了"宏基站为主，小基站为辅"的方式。利用 5G 小基站不仅可以从技术源头克服传统建设问题，而且还能大幅提升网络容量与运维效率。

此外，工厂、港口、能源等行业网也开始对 5G 技术提出应用需求，工业互联网、远程医疗、智能检疫机器人、在线教育等又对行业网的速率、时延、可靠性等关键指标提出更高要求，这些都推动了 5G 小基站建设的不断增多和加快。

2016 年，全球小基站设备出货量还只有 170 万个，但根据 SCF 预测，2015 ～ 2025 年，全球小基站的需求量将迅速增至 7000 万个，保守估计市场规模将达到千亿元。

（3）新能源汽车充电桩和换电柜方面，充电桩已经成为七大"新基建"之一，伴随着我国新能源汽车的快速发展，以及国家政策的大力支持，新能源汽车充电桩和换电柜未来增长的确定性极高。据中信建投测算，到 2025 年充电桩市场空间为 1000 万～1300 万台水平，较目前规模有 5 ～ 6 倍增长空间，5 年 CAGR 为 45%。

（4）金融自助终端包括我们生活中常见的 ATM 机和

VTM 虚拟柜台，近年来，随着扫码支付的普及，ATM 机的数量在逐步下滑，但随着银行不断加大信息化和智能化投入，类似 VTM 虚拟柜台的智能终端的使用数量在不断增长。VTM 设备已经实现的功能除了电子借记卡申请、电子借记卡激活外，还可以进行电话银行服务签约、银行短信服务签约、视频业务咨询等银行服务。银行 VTM 可以显著缩小租赁面积，同时实现人员的远程参与，降低了人员成本，VTM 三年内较网点整体费用降低 36%；而五年期内不考虑检修等意外情况，成本节约在 43% 左右。与传统银行网点相比，VTM 设备占据绝对优势。

根据前瞻产业研究院数据显示，2018 年，我国联网的 ATM 机数量已经超过 100 万台，预计 VTM 的市场容量将是 ATM 的 2~3 倍，市场规模将超过 4500 亿元。

（5）超市智能终端方面，目前我国大型连锁超市如物美超市都在推出自助结账终端设备。根据中国连锁经营协会发布的数据，我国大型超市数量已经达到 2.5 万家。根据亿欧智库数据，目前我国连锁便利店如 711 等，其数量超过 10 万家。而夫妻店数量更甚，在 700 万家左右。而上述商超大多没有自助结账终端或正在起步布局阶段，潜在市场规模预计可达到百万台以上，将为触摸屏带来广阔的市场空间。

（6）互动广告传媒方面 IDC 认为，随着数字化营销解决方案的完善，"无接触经济"的持续推动，广告机市场不仅在 2021 年将会恢复至疫情前的水平，且将成为传媒行业数字化转型的重要技术驱动，蕴含可观的市场增长空间。《十四五规划和二零三五年远景目标的建议》中，提出"要全面促进消费，发展无接触交易服务，促进线上线下消费融合发展"。

在 5G + 8K + AI 新技术的加持下，越来越多的大型企业加码商用显示市场，能够带动商用显示市场进入新的台阶。

第二，什么样的企业具有核心竞争力？我们认为，拥有核心竞争力的触摸屏企业应该具备如下特点：（1）品控好：具备完善的产品质量控制体系，明确的奖惩制度和较强的执行力，能保证产品关键指标的稳定；（2）销售网络强：触摸屏应用领域十分广泛，如何寻找并开发前景较好且给予利润较高的下游客户是关键；（3）成本控制能力强：触摸屏属于制造业，毛利率水平适中，非高毛利行业，因此成本控制决定了企业的盈利能力；（4）品牌和规模：触摸屏的需求量较大，一些大客户会对供应商的产能及规模提出要求，规模较少的厂商无法承接大订单。

2. 北交所的成立，能为特思达及这类企业带来哪些契机？

答：北交所的成立会直接吸引增量资金注入精选层，提高精选层的流动性和估值水平，有利于精选层企业的融资。

新三板基础层和创新层企业，如特思达，属于北交所储备企业，经过了新三板的各种规范，只要业务发展好，达到北交所标准，便有希望登陆北交所，企业的估值会更上一个台阶，融资便利度也会得到极大提升，利于企业的长远发展。

3. 从投资价值角度考虑，特思达目前具备哪些优势？

答：第一，下游应用广泛，这一点前面已经谈到，不再赘述。

第二，特思达具备较强的业务调整能力，体现出其强大的销售能力、运营效率及品牌优势。在特思达的发展历程中，曾面临过 3 次重大的业务调整变革，第一次发生在 2014 年左右，由于产品研发投入较大、产品成熟度出现问题、电容屏整体售价优于声波屏等原因，特思达适应行业变化，主动将业务由声波屏转变为电容屏。第二次发生在 2017 年，由于电容屏友商出现恶意竞争情况，且受移动支付应用冲击金融领域 ATM 机需求下降，导致应用在该领域的触摸屏幕需求大幅下滑，公司及时将产品条线调整至自助售货机领域。2018年起，公司在保持金融领域触摸屏幕产品业务体量增长的同时，已成功拓展至自助售货设备领域的触摸屏幕销售。第三次发生在2020年，特思达原本已经成为国内自助贩卖机龙头友宝科技的第一大供应商，但疫情导致友宝科技受到重创，特思达及时调整业务方向，拓展到机器人领域。由此可以看出，特思达具备较强的业务调整能力，即便原有大客户遭遇重创，仍能快速调整业务方向寻找到新领域的优质客户，这也体现了特思达较强的销售能力、运营效率以及品牌优势。

第三，特思达品控较好，友宝科技当初在寻找供应商时，对比了多家触摸屏厂商的产品，最终特思达的产品凭借过硬的质量脱颖而出。

第四，特思达2021年业绩增长确定性较强，后续进入北交所的概率较大。特思达公布的2021年半年报显示，公司2021年上半年实现收入约9300万元，较2020年同比增长114%，较历史业绩处于高点的2019年同期亦增长30%左右，整体来看，特思达2021年的业绩大概率符合精选层申报标准。

特思达（831510）：徐勇

资本助力特思达成长

成立于 2006 年的特思达，开始的两年主要是把中国生产的触摸屏销往国外，但 2008 年初的一次严重质量问题让我开始了思考，中国制造应该可以以一种更好的姿态走向国际市场并获得认同。2008 年 10 月特思达开始建立自己的研发团队和工厂，有了自己的研发团队以后，公司在 2010 年成为国家高新技术企业，并顺利在 2011 年 8 月获得第一笔天使投资 1000 万元。得到投资后的第一件事情，就是希望打造出可以比拟国际领先的产品，经过几个月的尝试，第一批触摸显示产品投产了，2012 年 2 月，初生牛犊不怕虎，公司参加了位于阿姆斯特丹的 ISE 展会，但现实却是残酷的，客户对于没有特点区别于竞争对手的我们的产品完全没有兴趣，最后连免费样品都被拒绝，但此次的国际之行还是有所收获，经过与多个客户的沟通，其中一个以色列客户提出，如果超声波触摸屏可以实现类似于 iPhone 的纯平面并且能实现手势操作等功能，市场一定会接受。展会一结束，公司迅速成立了专门的研发团队，经过不到一年的研发，公司顺利开发出了具有国际领先水平的纯平面超声波触摸屏技术，获多项发明专利。2013 年 9 月，荷兰、英国、澳大利亚的客户先后来访，表示出对我们创新产品的极大兴趣，其中荷兰客户表示愿意承担一半的展会费用与我们共同承办 2014 年 ISE 展会，此次展会公司创新的纯平超声波触摸屏获得了欧美客户认同，为 TSD 走进国际市场打开了一扇大门。

2013 年，经证券公司介绍初步了解到了新三板这一新生事物，并于当年开始了股份制改造，2014 年底，挂牌新三板，挂牌前本地知名投资机构苏州国发主动联系我们并希望投资特思达，2015 年初，国发与昆山高新集团联合参与了特思达挂牌后的第一次定向增发，融资 990 万元。我们能明显感觉到，挂牌后企业的知名度得到了一定的提升，在市场开拓方面有了较大助力，公司在 2015～2016 年实现了 50% 以上的复合增长，其中，国际市场份额也从 0 增加到超过 20%，并且在 2016 年再次成功定向增发 1010 万元，并于 2017 年进入创新层。

但企业的成长壮大并不是一蹴而就的，中间都会经历些波折和挑战，2017 年，公司在管理方面，尤其是人才激励上出现了欠缺，没有充分利用新三板制度优势做好股权激励，导致公司部分优秀人才流失，因此，2017年公司业绩出现较大幅度下滑。意识到问题所在后，公司马上充分利用挂牌公司的优势，吸引了曾是同行业创业板上市公司的核心成员翟总加盟，并确立了以人为主的核心价值观，核心高管股权得以确立，同时，制定了行业较为领先的激励制度，如为研发及营销精英制定的宝马奔驰奥迪（BBA）汽车激励计划，让一批优秀的特思达员工充分享受到了政策激励，2018年和2019年连续两年实现业绩翻倍以上增长，当年的新零售业务一跃成为公司的核心业务板块。

2020年，在疫情对业绩有较大冲击的情况下，公司完成了对超过30人的核心团队的股权激励，实现了"利出一孔，力出一孔"。在做股权激励的过程中，券商建议可以在市场的基础上做适当折让来定价，最后为了保证员工可以以最低成本拿到股权，大股东以净资产价格转让个人股份，实现了低成本股权激励。2020年，公司业绩下滑，但公司坚定走资本市场的方向没有变，反而加大了研发力度，研发人员数量当年增加超过40%，营销队伍也进一步扩大，除了过去的金融自助和新零售外，开始了健身设备、服务机器人、轨道交通、医疗等多个行业的开拓。最为关键的是在2020年底对公司的组织架构进行了调整，以业务方向为单位，将技术人员放入各业务方向，技术人员的绩效与各业务单位的成果挂钩，主要的决定都由各业务部门自行决定（让听得见炮火声音的人作决定），此项改革极大地调动了业务骨干及技术人员的积极性。

公司根据业务特征，将公司业务分为 5 个部门：公共自助业务（在原来金融自助基础上形成，增加了医疗自助、政务自助等）；IOT 物联网业务（在新零售基础上增加了服务机器人、轨道交通、垃圾分类等创新业务）；工业控制、数字标牌、公共自助国际业务；体育健身、零售国际业务；会议白板业务。

2021 年，公司充分利用挂牌公司优势，获得当地银行授信超过 5000 万元，在国内和国际两个方向 5 个行业全面开拓并且多点开花，甚至在大家普遍不看好的金融自助市场，公司仍实现了 30% 以上的增长，产品从过去主要覆盖非现金类设备扩展到现金类设备，ATM 中国的第一到第五名全面实现量产，由于金融自助行业充分竞争，在保证品质的前提下控制成本成为这些客户共同的选择。如广电运通等在选择供应链的时候重点关注企业过往业绩，由于公司属公众公司，并且在过去两年业绩快速增长，相较于同行客户对我们有了更大的信心，经过不到半年的努力，8 月实现了广电运通量产，短短 3 个月不到，已下单超千万元；同时，公司加强了对医疗自助行业的开拓，并迅速打开了这个细分市场。

国外几个重要体育健身客户，在一定程度上也更相信公众公司，在一些重大项目上优先考虑特思达，魔镜项目进展迅猛，2021 年实现量产，当年实现销售收入近 3000 万元。公司其他国际业务也较上年增长超过 200%，全年国际销售有望突破千万美元，初步实现了公司成立之初的想法——让中国产品获得国际客户的信任和认同。

2021 年 9 月 2 日，习近平总书记在北京服贸会上宣布了北交所的成立，给无数中小企业指明了方向，树立了信心。特思达作为一名新三板的老兵，处于非常有利的创新层，如果 2021 年公司实现扣非经常性损益后的净利润超过 2500 万元，公司可以按标准一申报北交所，充分利用北交所平台实现公司再次飞跃。

企业的发展有自己独特的规律，中国的中小企业普遍生命期较短，作为一个已经 15 年的中小企业，在创业的过程中也走过不少弯路，再回首创业历程，相信可以为未来创业的年轻人提供几个建议。其中最为重要的有两条：第一，充分认识到创业的长期性及各阶段重点任务；第二，充分利用好资本的力量，助力企业发展。创业企业大概可以分为三个阶段。第一阶段为创业初期（3～5年），这个阶段的重点是在战斗中搭建一个优秀的团队，其中具有较强能力的研发领头人以及具有全球视野的营销负责人尤为关键。有些人可能会在发展中被淘汰，这一点要提前意识到，并做好准备。同时，一些优秀的年轻人可能在战斗中脱颖而出，要给年轻人走上去的机会。第二阶段发展期（3～5年），经过几年的发展，对市场有了充分理解后，找到适合企业的细分市场并努力成为市场的主要参与者，集中优势资源打几个胜仗，这个阶段公司实现5000万元以上营业收入，并开始盈利。第三阶段稳定期（3～5年），可以开始挂牌新三板，并尽快完成一笔千万元以上融资，成为新三板创新层企业，再通过2～3年的努力，使企业达到北交所上市的标准。

最后，给所有即将进入资本市场，尤其是新三板、北交所的中小企业归纳了以下要成为创新层企业的三个条件及北交所上市的四套标准，供大家参考。

1. 净利润＋净资产收益率＋股东人数，即最近两年连续盈利，且平均净利润不少于2000万元（净利润以扣除非经常性损益前后孰低者为计算依据）；最近两年平均净资产收益率不低于10%（以扣除非经常性损益前后孰低者为计算依据）；最近3个月日均股东人数不少于200人。

2. 营业收入复合增长率＋营业收入＋股本，即最近两年营业收入连续增长，且复合增长率不低于50%；最近两年平均营业收入不低于4000万元，股本不少于2000万元。

3. 市值＋股东权益＋做市商家数，即最近3个月日均市值不少于6亿元；最近一年年末股东权益不少于5000万元；做市商家数不少于6家。另外，企业挂牌后还需完成1000万元以上定向增发，股东人数超过50人。

北交所上市的四套标准：（1）市值不低于2亿元，最近两年净利润均不低于1500万元且加权平均净资产收益率平均不低于8%，或者最近一年净利润不低于2500万元且加权平均净资产收益率不低于8%；（2）市值不低于4亿元，最近两年营业收入平均不低于1亿元，且最近一年营业收入增长率不低于30%，最近一年经营活动产生的现金流量净额为正；（3）市值不低于8亿元，最近一年营业收入不低于2亿元，最近两年研发投入合计占最近两年营业收入合计比例不低于8%；（4）市值不低于15亿元，最近两年研发投入合计不低于5000万元。

　　"有情怀、有使命感的教育领域工作者"——这是我对新励成董事长赵璧采访后最深刻的感受，虽然录制这期节目前后 2 个月时间内，整个教培行业发生了巨变，但丝毫没有改变赵总对深耕中国素质教育的坚定决心。在他看来，无论是成长中的青少年，还是步入职场的成年人，口才演讲能力、人际交往沟通能力将会成为人生"必备"技能之一。同时，由于赵总之前在华为任职 7 年、在 IBM 任职 5 年的职业经历，使得新励成在传统教育与科技 BCC（book-class-camp）"书—课—营"、OMO（online-merge-offline）平台型商业模式的接轨变得得心应手。

——李颖《精选新三板》主持人/制片人

【解说】古语有云："一言之辩，重于九鼎之宝；三寸之舌，强于百万雄师。"可见口才的重要性，口才在信息时代的今天直接影响着人们的沟通，影响着信息的传递和人际的交往，它在人们的生活、工作、学习中有着非常重要的作用。特别是在提倡素质教育的今天，软实力的提升对于新世纪新时代下的个体发展来说，已经成为必备要素。

【采访】赵璧　新励成教育科技股份有限公司　董事长

从目前来看，口才演讲沟通的培训确实在中国的教育市场当中是一个很细分的品类，从我们创立到今天有 16 年了，其实我们正在经历着口才培训这个行业越来越壮大的这样一个历程。从我们的感知里，从我们这些年的市场推广的效果来看，越来越多的人开始来学习表达、学习沟通、学习人际关系的处理。我们在 2017 年与和君咨询一起向全社会发布了我们口才培训行业的蓝皮书。我们也对标了美国演讲口才的这样一个市场。我们认为，在未来十年间，中国的口才培训市场空间能够达到 870 亿元，但目前还只有几十亿元。所以这个市场空间我认为是巨大的，这个市场是可为的，我们这些年一直都坚持着聚焦在口才培训这个领域，坚守着自己的使命和价值观。

【采访】吴美玲　新励成教育科技股份有限公司　董秘

新励成的核心价值观是什么呢？以学员为中心，以奋斗者为本。我们的战略里面就是成就个人、幸福家庭、和谐社会。再就是回归到教育的本质，我们也是在提升每一个人的能力，还要每一个人去成长，这个才是我们的本质。能够给学员带来一个收获，还有成长，这个我相信是企业长远健康发展的核心。

【解说】新励成秉承着成就个人、幸福家庭、和谐社会的价值观，在教育培训行业深耕十几年，形成了融课程研发、面授培训、在线教育、企业内训、管理咨询于一体的行业标杆。面对今天的成就，作为新励成的领路人，董事长赵璧对于这一路的成长与发展，别有感触。

【主持人/制片人】李颖：赵总之前在华为任职 7 年、在 IBM 任职 5 年。这两段的职业过往给您、给新励成带来了什么？

【采访】赵璧　新励成教育科技股份有限公司　董事长

华为给我带来的最大的是成就感。在华为，我也是荣获了金牌销售的荣誉，很骄傲。所以在那个时候呢，给我带来的最大的感受是成就感。到 IBM 和华为不一样。IBM，他讲究为客户创造价值。IBM 给我带来的感受是什么呢？是价值感，我觉得我为客户创造了价值。新励成给我带来最大的感受是什么？新励成公司跟华为和IBM比较起来太渺小了。但是，它给我带来的最大的感受却在升华。它给我带来的是使命感。我在新励成找到了我这一生为什么而活，为什么而奋斗；在新励成，我找到了人生的使命。我经常跟学员、跟员工分享，当一个人找到自己使命的那一刻，是非常美妙的。你根本就不觉得苦，你根本就不会觉得工作累。你遇到再大的困难，你都不会觉得是挑战，所以这种使命感是新励成给予我的。所以我很感激新励成。我认为新励成这份事业，无论是谁来干，势必都能做得很好，都能做得很伟大。但是今天，这么一份伟大的事情落在了我们的身上，我们多么幸运！

【解说】牢记使命，不忘初心，新励成在整个管理团队的带领下，通过引进、融合及自主研发，成功打造了"两大课程体系""九大王牌课程""四大高端课程"以及各具特色的服务课程，形成了"参与、快乐、实效、授能"的教学特色，填补了我国传统教育和培训市场的空白。

【主持人/制片人】李颖：为什么在传统教育和培训市场中选择了这么细分的一个领域——口才培训？您觉得沟通表达是很重要的一种能力吗？

【采访】赵璧　新励成教育科技股份有限公司　董事长

沟通表达能力是职场最重要的软实力。不是之一，没有之一，就是最重要的软实力。这一点我非常的坚信，我们在大学里学的专业知识，它很重要。但是到了职场当中，仅仅只有专业知识，仅仅只有硬实力是远远不够的。在职场当中，越到高层，越到后面，你的协调能力，跨部门沟通能力，跟领导、跟客户、跟家人的这个维护关系能力，其实对于一个职场人员来讲，可能比他的专业知识更重要。遗憾的是，今天我们还没有把它认知为是必备的能力。只是在我们的学员内心有痛点的时候，他痛了，他才会想找谁能帮我，谁能搭救我，谁能支持我的时候，发现了我们。走进了新励成，我们才能帮到他，但是还有很多很多的人，他有这方面的痛点，他还没有意识到。或者还没有到足够痛，或者是还没有排序，排到他最迫切需要去解决的问题。所以我认为，随着我们国家经济的发展，随着人们生活水平的提高，随着人们精神上的追求会大于物质追求的时刻的到来，口才培训特别是人际关系的沟通能力的培训，会越来越靠近我们的消费者。让我们的学员越来越迫切地感觉到，这方面的能力我是需要去提升的。

【主持人/制片人】李颖：做培训的机构那么多，有不少机构最近由于行业整体影响受到冲击，新励成在目前行业中的地位和水平是怎样的？

【采访】王辰　新励成教育科技股份有限公司　副总经理

近几年，在我们国家，无论是线上培训还是线下培训，都处于一个高速发展的阶段。泥沙俱下是近些年来口才培训行业的一个客观的现状，而在这样的一个客观的情况下，新励成应该是唯一一家具备新三板挂牌资格的公司，现在我们打算在未来几年之内 IPO，目前具备这一能力像这样体量的公司只有新励成一家。

【解说】近些年，由于培训市场"井喷式"的增长，加上新励成多年不懈努力的耕耘，以强烈的使命感与责任感作为企业发展的驱动力，使得新励成教育科技股份有限公司成为如今当之无愧的引领者。企业稳步发展不断壮大的同时，也吸引了资本市场的关注，那么新励成在资本市场路线上有哪些规划呢？

【主持人/制片人】李颖：教育行业和资本这几年关联特别密切，新励成是哪年开始步入资本市场的？

【采访】赵璧　新励成教育科技股份有限公司　董事长

资本市场我们以前不太懂，真正地进入资本市场应该是新三板之后吧。其实做教育培训公司现金流还是不错的，所以通过资本的力量给我们带来的好处主要是以下几点：第一个好处是品牌美誉度。在教育培训的企业，尤其是在我们这样一个细分的领域，有资本意识的企业不多。当时新三板刚刚推出来的时候，我经常听朋友说挂牌新三板相当于在央视做了一亿元的广告。这句话坦白讲，在那个时候对我的影响还是挺大的，后来发现在新三板挂牌对我们招生是有帮助的。当学员听说我们是新三板挂牌公司，他就多了一份信任。他觉得国家都已经帮我们审核过了，我们可以信任它，虽然是一串很小的数字摆在上面，但是它拉近了我们和学员的距离。第二个好处是增加了我们员工的自信心。在这个行业当中都是不大的公司，那么有一家公司可以挂牌新三板，他们觉得在这家公司有前途，跟着这家公司成长有希望，他们愿意跟着公司一起进步，这对于凝聚团队有很大的帮助。第三个好处是对于我们自我规范其实也有很大的帮助。新三板在监督我们，在督导着我们，让我们自我规范的决心更坚定，从而变成习惯。我们的商业模式非常成功，我觉得这个才是企业最有生命力的，才是企业有可能成为百年企业的影响因素。我们不怕严格，你越严格，我以后会越顺，所以这对我们未来的 IPO 之路会有很大的帮助。

【主持人/制片人】李颖：我觉得新励成在资本市场的意识上还是挺早的，因为 2013 年就开始登陆广州股权交易中心，再到 2017 年登陆新三板。未来，我们的资本市场规划是怎么做的？

【采访】吴美玲　新励成教育科技股份有限公司　董秘

我们希望是一个能够给到我们战略上有赋能的推动，包括我们现在在探求线上和线下的结合。目前，我们还是以线下为主。那线上的怎么去走呢？我们也希望通过资本的力量能够带给我们有一些科技上的赋能，包括资源上的赋能，这些也是我们很需要的。新励成正处在探索线上和线下的一个融合的过程中。其实，资本对于我们来说是一个推动力，但不是我们最终的追求，我们更注重的是在业务方面的发展。怎样把我们的产品打磨，使我们的教学效果提升，这个是我们的重要的发展方向。资本的注入更多的是给我们赋能，这点是我们在资本之路上一直去探索的，希望通过资本来推动我们的整个发展。当然，做好主营业务还是我们的根本。

【解说】资本市场的青睐与助力，使得新励成在未来的发展有了强大的后盾，面对科技高速发展的今天，新励成也将目光投向了 OMO 的发展方向。

【主持人/制片人】李颖：从最开始行业默默无闻做到现

在行业细分领域的翘楚，我们看到新励成也正式更名为新励成教育科技股份有限公司，这个"科技"二字的植入是不是也预示着未来一种战略方向的调整？

【采访】赵璧　新励成教育科技股份有限公司　董事长

"科技"二字对于新励成而言真的非常重要。培训公司它是比较传统的行业。尤其是线下培训，可能跟科技真的还是有点距离，那今天的新励成，我们是非常渴望通过科技的力量把新励成带上另一个台阶，我们对科技的应用场景有这样几个希望，第一个是学员的体验，像我们做的App——栗客App，就是用于学员签到、约课以及跟学员和老师互动。另外，还有一个科技应用的场景是我们的课室。我们希望未来能够打造人工智能的AI课室。现在陆续也在把一部分的应用循序渐进地给它嵌入进去。未来，最有想象空间的是OMO。通过移动互联网给学员带来更多、更好的体验，提高整体流程的效率。这些我觉得对于新励成而言，是科技带来的变革和进步的力量。OMO线上线下的融合才是这个领域对于未来最重要的战略。线下是不可替代的，我们要做的、要思考的是如何通过线上、通过移动互联网，把我们的课程、把我们的教学评测练如何做到更好。让学员的体验更好、让学员的学习效果更好、让学员跟我们老师的互动更好，让学员和学员之间的互动做得更好，这是我们需要去探索的一条路。经过几次的深度研讨，我们已经找到了新励成自己的 OMO 之路。对于我们来讲，OMO 要解决什么问题？主要是解决线上的教学评测练的问题、解决我们资源复用的问题、解决我们效率的问题，OMO 只有在这些问题上帮助企业得到改善，OMO 才不是花架子，才是实实在在帮助企业成长的好的工具。

【采访】王辰　新励成教育科技股份有限公司　副总经理

OMO 你也可以理解为新励成在线这一块的推进进度。现在，每天每周我们都会推出几套在线课程。围绕着口才、演讲、表达、沟通，甚至是亲子亲密关系。也就是说，在未来几年在线已经成为新励成的一个战略方向。

【解说】互联网＋教育的发展前景不可估量，2020 年新励成更名为"新励成教育科技股份有限公司"。"教育兴则国家兴，教育强则国家强"。建设教育强国是中华民族伟大复兴的基础工程，发展素质教育，提升每个人的软实力，更是国家、社会乃至个人的必经之路。

【主持人/制片人】李颖：在您看来，新励成是有使命感的一家企业吗？怎么定位您和新励成的关系？

【采访】赵璧　新励成教育科技股份有限公司　董事长

说句夸张一点的话，今天的我们承担着成就个人、幸福家庭、和谐社会这样一个伟大的使命，如果说我做一件事情能够帮助中国人集体提升软实力30%，我愿意用生命去换。在新励成，我找到了人生的使命。不是我们在成就新励成，而是新励成在成就我们。新励成要做百年企业。

【解说】在快速壮大的16年时间里，新励成累计为16万+人次和200余家企业提供演讲口才、人际沟通、企业管理、团队建设等方面的专业训练，不仅收获了市场和用户的一致好评，更是接连斩获"2018年广东特许经营50强""2019年全国十佳民办教育培训机构""2019年中国（行业）消费者信赖品牌"等多项行业大奖，连续五年荣获"广东省守合同重信用企业"称号，不仅意味着社会各界对新励成在诚信守法经营、企业信用体系建设及维护合同信用等方面的充分肯定与认可，同时，也标志着新励成在合同信用标准化体系建设中初见成效。新励成坚持以学员为中心，以奋斗者为本作为核心价值观，以使命促发展，以责任为担当，在努力成为百年企业的征程中，为推动和谐社会作出了积极的贡献，践行了其广告语：汇聚新励成，开启新里程。

后　记

　　《"颖"响力对话：从新三板到北交所》这本书从 9 月 2 日习主席宣布北交所成立时开始筹备到 11 月 15 日正式发布，仅仅经历了两个月的时间，这个速度和效率会创造很多个"第一"，但实际上这段路程从 2013 年新三板成立起，我们已经走了整整八年之久。

　　很久以前，我就想为这么多年的访谈见闻做一本整理记录，所有的恰逢其时都在今年实现了。我想，正是这么多年的沉淀积累和镜头记录，才使得我们在这一刻爆发出惊人的能量。这本书绝不仅仅是我一个人的成绩，而是业内多年支持、亦师亦友的领导、专家、企业家朋友的共同成果。无论是在这几年我与节目的共同成长过程中，还是在这本书的筹备过程中，他们都给予了大力的支持。

　　在本书最后的最后，将心里无尽的感谢汇聚成一句看似平凡的话语：衷心感谢为本书建言献策、提供精彩观点的各

位领导和朋友；感谢多年给予支持与信任的企业家朋友；感谢对我工作全力支持的家人；感谢专业高效、敬业奉献的经济科学出版社的各位老师。这本书的成功出版发行，离不开你们，在未来的道路上，我们继续携手前行，彼此成就！

李　颖

2021 年 10 月 22 日